Achim Berlin

WISO
Prüfung ... bestanden

Unter Mitarbeit
der Verlagsredaktion

I

Der Jugendliche in
Ausbildung und Beruf

I.1 Gebundene Aufgaben

1 Wer sind die Vertragspartner im Berufsausbildungsverhältnis?

- a) Der Ausbildende und der Auszubildende
- b) Der Ausbildende, der Auszubildende und die Kammer
- c) Der Ausbildende, der gesetzliche Vertreter des minderjährigen Auszubildenden und die Kammer
- d) Der Auszubildende und die Kammer

2 Wo ist die Ausbildungsdauer für die einzelnen Berufe festgelegt?

- a) Berufsbildungsgesetz (BBiG)
- b) Jugendarbeitschutzgesetz (JASchG)
- c) Ausbildungsordnung
- d) Handwerksordnung
- e) Grundgesetz

3 Kann das Ausbildungsverhältnis während der Probezeit gekündigt werden?

- a) Nein
- b) Ja, aber nur unter Einhaltung einer Kündigungsfrist von 2 Wochen
- c) Ja, aber nur unter Einhaltung einer Kündigungsfrist von 4 Wochen
- d) Jederzeit, ohne Einhalten einer Kündigungsfrist und ohne Gründe
- e) Jederzeit, ohne Einhalten einer Kündigungsfrist, aber mit Kündigungsgrund

4 Wann muss der Ausbildungsvertrag schriftlich niedergelegt werden?

- a) Sofort bei Zusage der Ausbildungsstelle
- b) Spätestens vor Beginn der Berufsausbildung
- c) Während der Probezeit
- d) Unmittelbar nach Beendigung der Probezeit
- e) Spätestens 1 Monat nach Beginn der Ausbildung

5 Die Abschlussprüfung kann in die vereinbarte Ausbildungszeit fallen. Wann endet das Ausbildungsverhältnis?

- a) Mit dem Vertragsende
- b) Mit dem Bestehen der Abschlussprüfung
- c) Mit der Aushändigung des Prüfungszeugnisses
- d) Am Ende des Monats, in dem der Auszubildende die Prüfung bestanden hat

I.1 Berufsausbildung, Arbeitsvertrag, Arbeitnehmerschutzgesetze, Kündigung, Arbeitsgericht

6 **Die Abschlussprüfung kann erst nach der vertraglich festgelegten Ausbildungszeit stattfinden. Wann endet das Ausbildungsverhältnis?**

- ☐ **a)** Mit dem Bestehen der Prüfung
- ☐ **b)** Mit der Aushändigung des Prüfungszeugnisses
- ☐ **c)** Am Ende des Monats, in dem die Abschlussprüfung stattfindet
- ☐ **d)** Mit dem Ende der vertraglich vereinbarten Ausbildungszeit

7 **Welche Ausbildungsverpflichtung hat der Ausbildende?**

- ☐ **a)** Alle im Betrieb vermittelbaren Fertigkeiten zu vermitteln
- ☐ **b)** Alle im Berufsbild aufgeführten Kenntnisse und Fertigkeiten zu vermitteln, soweit sie nicht von der BS behandelt werden
- ☐ **c)** Alle im Berufsbild aufgeführten Kenntnisse und Fertigkeiten zu vermitteln, die zum Erreichen des Ausbildungszieles notwendig sind
- ☐ **d)** Die für das Bestehen der praktischen Prüfung erforderlichen Fertigkeiten zu vermitteln

8 **Welche Verpflichtungen hat der Auszubildende?**

- ☐ **a)** Er hat alle übertragenen Arbeiten fachgerecht auszuführen.
- ☐ **b)** Er hat seinem Ausbilder Gehorsam und Achtung zu erweisen und sich auch außerhalb des Betriebes ordentlich zu betragen.
- ☐ **c)** Er hat den Weisungen zu folgen, die ihm vom Ausbildenden oder von anderen weisungsberechtigten Personen erteilt werden.
- ☐ **d)** Er hat nur den Weisungen des Ausbildenden zu folgen.

9 **Für welche Betriebe gilt das Kündigungsschutzgesetz nicht?**

- ☐ **a)** Für Privatbetriebe
- ☐ **b)** Für öffentliche Verwaltungen (= Staat)
- ☐ **c)** Für Betriebe mit 10 oder weniger Arbeitnehmern
- ☐ **d)** Für Betriebe des Luftverkehrs
- ☐ **e)** Für Konzerne (= Großunternehmen) wie Daimler, VW AG u. a.

10 **Für wen gilt das Jugendarbeitsschutzgesetz (JASchG)?**

- ☐ **a)** Für alle jugendlichen Arbeitnehmer mit Ausbildungsvertrag
- ☐ **b)** Nur für alle Jugendlichen ohne in einem Ausbildungsverhältnis zu arbeiten
- ☐ **c)** Für alle jugendlichen Schüler und Auszubildenden
- ☐ **d)** Für alle jugendlichen Arbeitnehmer mit und ohne Ausbildungsvertrag

I.1 Berufsausbildung, Arbeitsvertrag, Arbeitnehmerschutzgesetze, Kündigung, Arbeitsgericht

11 **Das Jugendarbeitsschutzgesetz (JASchG) gilt bis zur Vollendung des**

- ▢ **a)** 14.
- ▢ **b)** 16.
- ▢ **c)** 18.
- ▢ **d)** 19.
- ▢ **e)** 21. Lebensjahres

12 **Bei einer Arbeitszeit von mehr als 6 Stunden müssen die Ruhepausen nach dem Jugendarbeitsschutzgesetz (JASchG) mindestens betragen?**

- ▢ **a)** 30 Minuten
- ▢ **b)** 45 Minuten
- ▢ **c)** 60 Minuten
- ▢ **d)** 90 Minuten

13 **Der Urlaub für eine 17jährige Auszubildende beträgt laut Jugendarbeitsschutzgesetz?**

- ▢ **a)** 30
- ▢ **b)** 27
- ▢ **c)** 25
- ▢ **d)** 23
- ▢ **e)** 21 Werktage

14 **Die Kündigungsschutzklage eines Arbeitnehmers beim Arbeitsgericht muss innerhalb von?**

- ▢ **a)** 1 Woche
- ▢ **b)** 2 Wochen
- ▢ **c)** 3 Wochen
- ▢ **d)** 6 Wochen dort eintreffen

15 **Das Arbeitszeugnis am Ende der Ausbildung muss mindestens enthalten**

- ▢ **a)** Erlangte Kenntnisse während der Ausbildung
- ▢ **b)** Leistung während der Ausbildung
- ▢ **c)** Führung während der Ausbildung
- ▢ **d)** Höhe der Ausbildungsvergütung
- ▢ **e)** Qualität der Berichtsheftführung

16 **Bei arbeitsrechtlichen Streitigkeiten wendet sich der Arbeitnehmer an das**

- ▢ **a)** Gewerbeaufsichtsamt
- ▢ **b)** Arbeitsamt
- ▢ **c)** Arbeitsgericht
- ▢ **d)** Amtsgericht
- ▢ **e)** Ordnungsamt

I.1 Berufsausbildung, Arbeitsvertrag, Arbeitnehmerschutzgesetze, Kündigung, Arbeitsgericht

17 **Für die Einhaltung des Jugendarbeitsschutzgesetzes ist zuständig das**

- ▢ **a)** Gewerbeaufsichtsamt
- ▢ **b)** Arbeitsgericht
- ▢ **c)** Jugendamt
- ▢ **d)** Amtsgericht
- ▢ **e)** Ordnungsamt

18 **Wer schließt einen Tarifvertrag ab?**

- ▢ **a)** Der Arbeitgeber mit jedem seiner Arbeitnehmer
- ▢ **b)** Die Industrie- und Handelskammer mit den Gewerkschaften
- ▢ **c)** Der Arbeitgeberverband mit der zuständigen Einzelgewerkschaft
- ▢ **d)** Der Arbeitgeberverband mit dem Deutschen Gewerkschaftsbund (DGB)
- ▢ **e)** Das Wirtschaftsministerium mit den Innungen und Arbeitgebern

19 **Welche Aussage zum Verlauf bei einem Arbeitsgerichtsprozess stimmt?**

- ▢ **a)** Vor dem eigentlichen Prozess versucht der Richter, die streitenden Parteien zu einem gütlichen Vergleich zu bringen.
- ▢ **b)** In allen Instanzen besteht Anwaltszwang.
- ▢ **c)** Der Unterlegene kann jederzeit in die Berufung gehen.
- ▢ **d)** Das Bundesarbeitsgericht hat seinen Sitz in Karlsruhe.
- ▢ **e)** Das Arbeitsgericht besteht immer aus 7 Richtern.

20 **Welche Voraussetzungen muss ein Arbeitnehmer erfüllen, wenn er Rechte aus dem Kündigungsschutzgesetz geltend machen will?**

- ▢ **a)** Er muss das 21. Lebensjahr vollendet haben.
- ▢ **b)** Er muss deutscher Staatsangehöriger sein.
- ▢ **c)** Er muss das 35. Lebensjahr vollendet haben und mindestens 10 Jahre in gleichen Betrieb tätig sein.
- ▢ **d)** Er muss verheiratet sein.
- ▢ **e)** Er muss dem Betrieb ohne Unterbrechung länger als 6 Monate angehören.

21 **Ein Auszubildender will sich nach der Probezeit in einen anderen als dem gewählten Beruf ausbilden lassen. Was muss er nach dem Gesetz tun?**

- ▢ **a)** Er muss zuerst die angefangene Ausbildung beenden.
- ▢ **b)** Er muss seinen Berufsausbildungsvertrag mit einer Kündigungsfrist von 4 Wochen kündigen.
- ▢ **c)** Er fängt sofort bei der anderen Firma an. Eine Kündigung ist nicht erforderlich.
- ▢ **d)** Er muss seinem Ausbilder den Grund sagen und kann in der nächsten Woche bei der anderen Firma anfangen.
- ▢ **e)** Er muss seinen Berufsausbildungsvertrag mit einer Kündigungsfrist von 6 Wochen kündigen.

I.1 Berufsausbildung, Arbeitsvertrag, Arbeitnehmerschutzgesetze, Kündigung, Arbeitsgericht

22 Ein Arbeitnehmer erkrankt während des Urlaubs. Welche Aussage stimmt?

- a) Die Tage der Arbeitsunfähigkeit werden voll auf den Jahresurlaub angerechnet.
- b) Liegt ein ärztliches Attest vor, so erfolgt keine Anrechnung auf den Urlaub.
- c) Die Tage der Arbeitsunfähigkeit werden zur Hälfte auf den Jahresurlaub angerechnet.
- d) Die Tage der Arbeitsunfähigkeit werden nur bei Krankenhausaufenthalt angerechnet.
- e) Die Arbeitsunfähigkeit wird nur dann nicht angerechnet, wenn die Erkrankung in der Bundesrepublik auftrat.

23 Bei den Arbeitsgerichten sind ehrenamtliche Richter tätig. In welcher Auswahlantwort sind die zwei Gruppen genannt, aus denen sie ausgewählt werden?

- a) Landesbeamte und Arbeitgeber
- b) Gemeinderäte und Gewerkschaftsmitglieder
- c) Arbeiter und Angestellte
- d) Mitglieder der politischen Parteien und Gewerkschaften
- e) Arbeitgeber und Arbeitnehmer

24 Welche Verpflichtung übernimmt der Ausbildende bei Abschluss des Berufsausbildungsvertrages nicht?

- a) Den Auszubildenden nach der Prüfung noch ein Jahr zu beschäftigen
- b) Den Auszubildenden zu den Prüfungen freizustellen
- c) Das Berichtsheft durchzusetzen
- d) Die Gebühren für die Abschlussprüfung zu bezahlen
- e) Die Ausbildung planmäßig, zeitlich und sachlich gegliedert durchzuführen

25 Verschiedene Personengruppen genießen keinen besonderen Kündigungsschutz. Welche sind dies?

- a) Betriebsratsmitglieder
- b) Schwangere Frauen
- c) Gewerkschaftsmitglieder
- d) Schwerbehinderte
- e) Auszubildende nach der Probezeit

26 Für die Einhaltung der Arbeitszeitordnung ist zuständig

- a) das Arbeitsgericht
- b) das Amtsgericht
- c) das Landgericht
- d) das Ordnungsamt
- e) das Gewerbeaufsichtsamt

I.1 Berufsausbildung, Arbeitsvertrag, Arbeitnehmerschutzgesetze, Kündigung, Arbeitsgericht

27 **Bringt die folgenden Schritte bei einem Verfahren vor dem Arbeitsgericht in die richtige Reihenfolge?**

- ▢ **a)** Urteil
- ▢ **b)** Einreichen der Klage
- ▢ **c)** Mündliche Verhandlung
- ▢ **d)** Festlegung eines mündlichen Termins
- ▢ **e)** Güteverhandlung

28 **Sie werden ab sofort bis auf weiteres krank geschrieben. Wie lange muss der Arbeitgeber das Geld weiterbezahlen?**

- ▢ **a)** Ohne zeitliche Begrenzung
- ▢ **b)** 1 Monat
- ▢ **c)** 14 Tage
- ▢ **d)** 6 Monate
- ▢ **e)** 6 Wochen

29 **Die Mutterschutzfristen nach dem Mutterschutzgesetz betragen insgesamt**

- ▢ **a)** 9 Monate
- ▢ **b)** 6 Wochen
- ▢ **c)** 14 Wochen
- ▢ **d)** 1 Jahr
- ▢ **e)** 8 Wochen

30 **Ein Arbeitnehmer kann beim Wohnungswechsel Sonderurlaub erhalten. Wo ist der Anspruch geregelt?**

- ▢ **a)** Im Jugendschutzgesetz
- ▢ **b)** Im Berufsbildungsgesetz
- ▢ **c)** Im Gehaltstarifvertrag
- ▢ **d)** Im Manteltarifvertrag
- ▢ **e)** Im Berufsausbildungsvertrag

31 **Welches der folgenden Vergehen fällt unter das Gebot der Schweigepflicht und kann nach § 203 Strafgesetzbuch geahndet werden?**

- ▢ **a)** Beleidigung einer Kollegin
- ▢ **b)** Üble Nachrede über eine Kundin, die in der Nachbarschaft der Helferin wohnt, in privater Angelegenheit
- ▢ **c)** Weitergabe der Personalien einer prominenten Kundin an einen Journalisten
- ▢ **d)** Weitergabe der Krankengeschichte an einen anderen Arzt, der weiter behandelt
- ▢ **e)** Auskünfte an Eltern minderjähriger Personen, die dem zustimmen.

32 **Welche Pflichten hat der Arbeitgeber gegenüber seinen Angestellten zu erfüllen (zwei Antworten richtig)?**

- ☐ **a)** Er muss alle ihre Steuern pünktlich zahlen.
- ☐ **b)** Er hat sie ohne schuldhaftes Zögern zur Sozialversicherung anzumelden.
- ☐ **c)** Er hat ihr bestimmte freiwillige soziale Leistungen zu gewähren.
- ☐ **d)** Er hat ihre Wünsche über Urlaubstermine und Freizeiten im Allgemeinen zu erfüllen.
- ☐ **e)** Er hat für die Gesunderhaltung im Betrieb die notwendigen Schutzmaßnahmen zu veranlassen.
- ☐ **f)** Er hat ihr gegenüber keinerlei Fürsorgepflicht.

33 **Die beruflichen Interessen der Arbeitnehmer werden wahrgenommen durch**

- ☐ **a)** die Kammern als öffentlich-rechtliche Körperschaften auf Landesebene.
- ☐ **b)** die Kammern als öffentlich-rechtliche Körperschaften auf Bundesebene.
- ☐ **c)** die jeweilige Gewerkschaft oder den Berufsverband.
- ☐ **d)** das Bundesministerium für Jugend, Familie, Gesundheit.
- ☐ **e)** die Sozial- und Arbeitsgerichte in den verschiedenen Ebenen.

34 **Das geltende Elterngeldgesetz erlaubt vorrangig die Inanspruchnahme (zwei Antworten richtig)**

- ☐ **a)** für 2 Jahre
- ☐ **b)** für 3 Jahre
- ☐ **c)** für 1 Jahr
- ☐ **d)** für 16 Monate
- ☐ **e)** für 14 Monate
- ☐ **f)** für 18 Monate

35 **Auf welchem Gesetz beruhen Berufsausbildungsverträge?**

- ☐ **a)** Handelsgesetzbuch (HGB)
- ☐ **b)** Bürgerliches Gesetzbuch (BGB)
- ☐ **c)** Ausbildungsförderungsgesetz (AusFG)
- ☐ **d)** Berufsbildungsgesetz (BBiG)
- ☐ **e)** Jugendarbeitsschutzgesetz (JASchG)
- ☐ **f)** Arbeitsförderungsgesetz (AFG)

I.1 Berufsausbildung, Arbeitsvertrag, Arbeitnehmerschutzgesetze, Kündigung, Arbeitsgericht

36 **Welches Gesetz enthält wesentliche Bestimmungen über berufliche Fortbildung und berufliche Umschulung?**

- a) Das Arbeitsförderungsgesetz
- b) Das Jugendarbeitsschutzgesetz
- c) Das Jugendschutzgesetz
- d) Das Arbeitszeitgesetz
- e) Das Bundesurlaubsgesetz

37 **Im Berufsbildungsgesetz ist von einer „zuständigen Stelle" die Rede. Welche ist das für gewerblich-technische-hauswirtschaftliche Auszubildende?**

- a) Gewerbeaufsichtsamt
- b) Berufliche Schulen
- c) Gewerkschaft
- d) Handwerks-/Industrie- und Handelskammer
- e) Bundesbildungsministerium
- f) Arbeitsgericht

38 **Welches Gesetz regelt den freiwilligen Zusammenschluss von Gewerkschaften und Arbeitgeberverbänden zur Wahrung und Förderung der Arbeits- und Wirtschaftsbedingungen?**

- a) Grundgesetz
- b) Lohnfortzahlungsgesetz
- c) Betriebsverfassungsgesetz
- d) Tarifvertragsgesetz
- e) Mitbestimmungsgesetz

39 **Welche der folgenden Fragen müssen Sie bei einem Vorstellungsgespräch wahrheitsgetreu beantworten?**

- a) Haben Sie vor in nächster Zeit zu heiraten?
- b) Welche beruflichen Prüfungen haben Sie mit welchen Noten abgelegt?
- c) Gehören Sie einer politischen Partei an?
- d) Welches Vermögen besitzen Sie?
- e) Welche Krankheiten haben Sie bisher gehabt?

40 **Unter welcher Voraussetzung darf ein Arbeitgeber die Arbeitszeit nach dem Arbeitszeitgesetz von 8 auf 10 Stunden erhöhen?**

- a) Wenn der Arbeitnehmer die Verlängerung verlangt
- b) Wenn die zusätzlichen zwei Stunden als Überstunden bezahlt werden
- c) Wenn die Zeit von 10 Stunden als normale Arbeitszeit im Arbeitsvertrag vereinbart werden
- d) Wenn innerhalb von 6 Kalendermonaten im Durchschnitt 8 Stunden werktäglich nicht überschritten werden

I.1 Ungebundene Aufgaben

1 Erklären Sie den Begriff „Duales System" für die Ausbildung.

2 Erklären Sie die Inhalte/Begriffe des Ausbildungsvertrags:
a) Vertragspartner
b) Probezeit
c) Arbeitszeit für Minderjährige und Volljährige
d) Pausen
e) Urlaub
f) Beendigung der Ausbildung

3 Beschreiben Sie die gesamten Kündigungsmöglichkeiten, die die Vertragspartner in der Ausbildung haben.

4 Unterscheiden Sie zwischen einem einfachen und qualifiziertem Zeugnis und beschreiben Sie die Interpretationsmöglichkeiten, die mit einer Zeugnisausstellung verbunden sein können.

5 Beschreiben Sie je drei Rechte und Pflichten ausführlicher, die Sie als Auszubildende haben.

6 Erklären Sie, weshalb die Lernpflicht und die Pflicht zur Ausbildung die Hauptpflichten in einem Ausbildungsverhältnis darstellen.

7 Nennen Sie vier Arbeitnehmerschutzgesetze, beschreiben Sie kurz deren Geltungsbereich und erklären Sie ein Gesetz ausführlich.

8 Definieren Sie das Günstigkeitsprinzip.

I.1 Berufsausbildung, Arbeitsvertrag, Arbeitnehmerschutzgesetze, Kündigung, Arbeitsgericht

9 Zum Tarifvertrag: Welche Gruppen schließen ihn ab und wovon hängt die Ausbildungsvergütung bzw. das Gehalt einer Arbeitnehmerin/eines Arbeitnehmers ab?

10 Erläutern Sie Aufgabe und Rolle der Jugend- und Auszubildendenvertretung.

11 Eine Auszubildende/ein Auszubildender verdient brutto 650 Euro und erhält vom Arbeitgeber 20 Euro vermögenswirksame Leistungen für den Bausparvertrag.

a) Errechnen Sie die aktuellen Sozialversicherungsabgaben in Euro.

b) Begründen Sie, dass keine Steuern abgezogen werden.

c) Errechnen Sie den Auszahlungsbetrag für die Auszubildende/den.

12 Im Zeugnis des Ausbildungsbetriebes sind Angaben über Verhalten/Führung, Leistung und besondere Fähigkeiten nur aufzunehmen, wenn die/der Auszubildende dies verlangt.
Nennen Sie dafür zwei Gründe und erläutern Sie einen.

I.1 Diskussion

1

Die Situation: Herrn Wacker wird gekündigt

Herr Wacker, 40 Jahre alt, allein erziehender Vater von zwei Kindern, ist seit acht Jahren bei der Möbelwerke GmbH (70 Mitarbeiter) als Sachbearbeiter in der Einkaufsabteilung beschäftigt. Am 25. Januar erhält er folgendes Schreiben seines Arbeitgebers:

Sehr geehrter Herr Wacker,

leider müssen wir Ihr Arbeitsverhältnis zum 30. April beenden.

Die Entscheidung ist uns nicht leicht gefallen, doch der anhaltende Umsatzrückgang der letzten beiden Jahre zwingt uns, eine der vier Sachbearbeiterstellen in der Einkaufsabteilung aufzulösen.

Der Betriebsrat ist am 23. Januar informiert worden.

Für Ihren weiteren beruflichen Werdegang wünschen wir Ihnen alles Gute.

Herr Wacker ist bestürzt: Als Vater von zwei Kindern hat er hohe monatliche Belastungen, die einige andere Mitarbeiter, welche Jahre nach ihm in das Unternehmen gekommen sind, nicht tragen müssen.

Dabei denkt er vor allem an Herrn Meister, der erst seit Juni des Vorjahres bei der Möbelwerke GmbH arbeitet und im Büro des Lagers tätig ist. Herr Meister ist 16 Jahre jünger als Herr Wacker und hat keine Kinder; seine Arbeit hat Herr Wacker vertretungsweise schon einige Zeit ausgeübt.

Von der Sekretärin des Betriebsrates erfährt Herr Wacker am Telefon, dass der Betriebsrat der Kündigung fristgerecht mit der Begründung widersprochen hat, bei der Auswahl der zu kündigenden Arbeitnehmer seien soziale Gründe nicht ausreichend berücksichtigt worden.

Mit der Begründung, seine Kündigung verstoße gegen das Kündigungsschutzgesetz, erhebt Herr Wacker am 20. Februar Klage beim Arbeitsgericht.

Aufgaben:

1. Erklären Sie, ob eine Kündigung in dieser Form rechtlich möglich ist. Begründen Sie auch, ob eine ordentliche oder außerordentliche Kündigung vorliegt.
2. Erklären Sie die gesetzliche Kündigungsfrist des Arbeitgebers und prüfen Sie, ob die Möbelwerke GmbH diese eingehalten hat.
3. Beschreiben Sie innerhalb welcher Frist ein Widerspruch des Betriebsrates erfolgen muss und welche rechtliche Konsequenz ein Widerspruch für diesen Fall hat.
4. Prüfen Sie, ob und in welcher Weise in diesem Fall ein Verstoß gegen das Kündigungsschutzgesetz vorliegt
5. Prüfen Sie, ob die Kündigungsschutzklage durch Herrn Wacker fristgerecht erfolgte und welche rechtlichen Konsequenzen damit verbunden sind.

I.2 Gebundene Aufgaben

1 **In welchem Fall hat der Betriebsrat nach dem Betriebsverfassungsgesetz (BetrVG) ein Mitbestimmungsrecht?**

- ☐ **a)** Bei Investitionsentscheidungen
- ☐ **b)** Bei Ausgabe von Anleihen
- ☐ **c)** Bei Ausgabe junger Aktien
- ☐ **d)** Beim Erlass von Richtlinien über die personelle Auswahl bei Versetzungen
- ☐ **e)** Bei Tarifabschlüssen
- ☐ **f)** Beim Festlegen der Urlaubsdauer

2 **Welche Aussage ist richtig (zwei Antworten richtig)?**

- ☐ **a)** Das Ausbildungsverhältnis endet immer mit dem Ablauf der vertraglich vereinbarten Ausbildungszeit.
- ☐ **b)** Besteht der Azubi die Abschlussprüfung vor Ablauf der Ausbildungszeit, so endet das Berufsausbildungsverhältnis mit Bestehen der Abschlussprüfung.
- ☐ **c)** Besteht der Azubi die Abschlussprüfung nicht, so verlängert sich die Ausbildungszeit immer so lange, bis die Prüfung bestanden ist.
- ☐ **d)** Über die Dauer der Verlängerung der Ausbildungszeit bei Nichtbestehen der Abschlussprüfung entscheidet allein der/die Ausbildende.
- ☐ **e)** Besteht der Azubi die Abschlussprüfung nicht, so kann auf sein Verlangen das Ausbildungsverhältnis bis zur nächsten Abschlussprüfung verlängert werden.

3 **Welche Aussage über die Rechte der Auszubildenden- und Jugendvertretung ist richtig?**

- ☐ **a)** Die Jugendvertretung ist berechtigt, allein gegenüber dem Arbeitgeber wirksame Beschlüsse zu fassen.
- ☐ **b)** Die Beschlussfassung der Jugendvertretung bedarf in keinem Falle der Mitwirkung des Betriebsrates.
- ☐ **c)** Die Jugendvertretung kann Anträge an die Geschäftsleitung nur über den Betriebsrat stellen.
- ☐ **d)** Die Jugendvertretung hat wahlweise das Recht, die für ihre Arbeit erforderlichen Unterlagen vom Arbeitgeber oder vom Betriebsrat zu verlangen.
- ☐ **e)** Die Jugendvertretung kann einer beabsichtigten Kündigung eines Auszubildenden rechtswirksam widersprechen.
- ☐ **f)** In die Jugendvertretung können nur Auszubildende gewählt werden.

I.2 Tarifvertrag, Betriebsverfassungsgesetz, Kündigungsregelungen, Arbeitsgericht, Europäische Union

4 **Welches Gesetz regelt die Rechte und Pflichten der Tarifpartner?**

- ▢ **a)** Arbeitsförderungsgesetz
- ▢ **b)** Bürgerliches Gesetzbuch
- ▢ **c)** Grundgesetz
- ▢ **d)** Mitbestimmungsgesetz
- ▢ **e)** Tarifvertragsgesetz
- ▢ **f)** Betriebsverfassungsgesetz (BetrVG)

5 **Ein 20jähriger Angestellter kündigt am 20. März. Wann kann er unter Einhaltung der gesetzlichen Kündigungsfrist frühestens aussteigen?**

- ▢ **a)** Am 31. März des gleichen Jahres
- ▢ **b)** Am 15. April des gleichen Jahres
- ▢ **c)** Am 30. April des gleichen Jahres
- ▢ **d)** Am 30. Juni des gleichen Jahres
- ▢ **e)** Kein Antwort ist richtig

6 **Welche Partner schließen eine Betriebsvereinbarung ab?**

- ▢ **a)** Arbeitgeberverband und Betriebsrat
- ▢ **b)** Arbeitgeber und Betriebsrat
- ▢ **c)** Arbeitgeberverband und Gewerkschaft
- ▢ **d)** Arbeitgeber und Gewerkschaft
- ▢ **e)** Arbeitgeber und Vorstand einer Gewerkschaft
- ▢ **f)** Arbeitgeber und der einzelne Arbeitnehmer

7 **Während einer Betriebsversammlung fordert ein Betriebsratsmitglied die Kolleginnen und Kollegen dazu auf, eine bestimmte Partei zu wählen. Ist das rechtmäßig?**

- ▢ **a)** Der Betriebsrat darf zur Wahl arbeitnehmerfreundlicher Parteien auffordern.
- ▢ **b)** Parteipolitische Betätigung des Betriebsrats ist nur mit Zustimmung des Arbeitgebers erlaubt.
- ▢ **c)** Der Betriebsrat hat jede parteipolitische Betätigung im Betrieb zu unterlassen.
- ▢ **d)** Der Betriebsrat darf sich nur in öffentlich-rechtlichen Betrieben parteipolitisch betätigen.
- ▢ **e)** Der Betriebsrat darf sich nur in Privatbetrieben parteipolitisch betätigen.
- ▢ **f)** Der Betriebsrat darf nur bestimmte Parteien empfehlen.

I.2 Tarifvertrag, Betriebsverfassungsgesetz, Kündigungsregelungen, Arbeitsgericht, Europäische Union

8 **Ein Betriebsratsmitglied und ein ausländischer Arbeitnehmer unterhalten sich. Welche Aussage ist richtig?**

- ☐ **a)** Betriebsrat: Ihr könnt an unseren allgemeinen Wahlen teilnehmen!
- ☐ **b)** Arbeitnehmer: Nichts da, nicht einmal den Betriebsrat können wir mitwählen!
- ☐ **c)** Betriebsrat: Doch und wir müssen auch eure Interessen gegenüber dem Arbeitgeber vertreten!
- ☐ **d)** Arbeitnehmer: Aber keiner von uns kann in den Betriebsrat gewählt werden!
- ☐ **e)** Betriebsrat: Der Betriebsrat muss paritätisch aus allen im Betrieb vertretenen Nationalitäten zusammengesetzt sein.

9 **Was gehört zu den Aufgaben des Betriebsrates?**

- ☐ **a)** Entgegennahme von Beschwerden der Arbeitgeber
- ☐ **b)** Mitbestimmung bei der Einstellung leitender Angestellter
- ☐ **c)** Mitbestimmung bei der Festsetzung von Beginn und Ende der Arbeitszeit
- ☐ **d)** Mitbestimmung bei Aufstellung des Produktionsprogramms
- ☐ **e)** Mitbestimmung bei jeder Kündigung

10 **Unter Tarifautonomie versteht man,**

- ☐ **a)** dass jeder Betrieb mit dem Betriebsrat Tarifvereinbarungen treffen muss.
- ☐ **b)** dass zwischen Arbeitgeber- und Arbeitnehmerverbänden Tarifvereinbarungen getroffen werden können, die die Regierung aber genehmigen muss.
- ☐ **c)** dass zwischen den Tarifparteien Vereinbarungen getroffen werden können, ohne dass der Staat eingreifen kann und darf.
- ☐ **d)** dass Vereinbarungen zwischen den Tarifparteien für alle Arbeitnehmer automatisch wirksam werden.
- ☐ **e)** dass tarifvertragliche Vereinbarungen sich automatisch an geänderte Verhältnisse anpassen.

11 **Das Betriebsverfassungsgesetz regelt verschiedene Individualrechte der Arbeitnehmer. Welches der folgenden Rechte gehört dazu?**

- ☐ **a)** Recht auf Mitsprache bei Tarifverhandlungen
- ☐ **b)** Festlegung der täglichen Arbeitszeit
- ☐ **c)** Einsichtnahme in die Personalakte nur unter Hinzuziehung des Betriebsrates
- ☐ **d)** Recht auf Ausübung von Nebentätigkeiten
- ☐ **e)** Beschwerderecht und Besprechung der über ihn abgegebenen Beurteilung

I.2 Tarifvertrag, Betriebsverfassungsgesetz, Kündigungsregelungen, Arbeitsgericht, Europäische Union

12 **Ein Arbeitnehmer wird aus betrieblichen Gründen versetzt. Ein Arbeitsplatz mit gleichem Gehalt ist nicht vorhanden, so dass eine tarifliche Rückgruppierung unumgänglich ist. Welche Aussage ist richtig?**

- ▢ **a)** Der Arbeitgeber kann die Rückgruppierung ohne besondere Ankündigung mit dem Tag der Versetzung wirksam werden lassen.
- ▢ **b)** Es ist eine Änderungskündigung erforderlich.
- ▢ **c)** Es gelten nicht die gleichen Kündigungsfristen wie bei einer ordentlichen Kündigung.
- ▢ **d)** Der Betriebsrat ist bei einer Änderungskündigung nicht zu hören.
- ▢ **e)** Die Änderung des Gehalts ist ohne Kündigung möglich; nur der Betriebsrat muss zustimmen.

13 **Einem Arbeitnehmer ist am 28.08. zum 30.09. gekündigt worden. Die Kündigung geht dem Arbeitnehmer am 31.08. zu. Bis zu welchem Zeitpunkt muss der Arbeitnehmer spätestens beim Arbeitsgericht Kündigungsschutzklage erheben?**

- ▢ **a)** Bis zum 04.09.
- ▢ **b)** Bis zum 06.09.
- ▢ **c)** Bis zum 31.08.
- ▢ **d)** Bis zum 21.09.
- ▢ **e)** Bis zum 30.09.
- ▢ **f)** Bis zum 31.12

14 **Ordnen Sie der jeweiligen Aussage eines der Gesetze zu.**

① Betriebsverfassungsgesetz
② Tarifvertragsgesetz
③ Mitbestimmungsgesetz
④ Jugendarbeitsschutzgesetz
⑤ Behindertengesetz
⑥ Kündigungsschutzgesetz
⑦ Berufsbildungsgesetz

- ▢ **a)** Die Probezeit muss mindestens einen Monat und darf höchstens 4 Monate betragen.
- ▢ **b)** Arbeitgeber und Betriebsrat arbeiten unter Beachtung der geltenden Tarifverträge vertrauensvoll zusammen.
- ▢ **c)** Das Gesetz gilt nur für minderjährige Arbeitnehmer.

15 **Welche Maßnahme des Arbeitgebers fällt unter das Mitbestimmungsrecht des Betriebsrates in personellen Angelegenheiten?**

- ▢ **a)** Vorübergehende Kurzarbeit
- ▢ **b)** Aufstellen einer Betriebs- und Hausordnung
- ▢ **c)** Festlegen von Zeit, Ort und Art der Auszahlung des Lohns
- ▢ **d)** Zusammenarbeit von Betrieben
- ▢ **e)** Einführen von Beurteilungsgrundsätzen
- ▢ **f)** Einberufung von Betriebsversammlungen

I.2 Tarifvertrag, Betriebsverfassungsgesetz, Kündigungsregelungen, Arbeitsgericht, Europäische Union

16 **Bringen Sie die folgenden Schritte bei einem Verfahren vor dem Arbeitsgericht in die richtige Reihenfolge!**

- ☐ **a)** Urteil oder Vergleich
- ☐ **b)** Einreichen der Klage
- ☐ **c)** Mündliche Verhandlung
- ☐ **d)** Festlegung eines mündlichen Termins
- ☐ **e)** Güteverhandlung/-termin

17 **Sie werden ab sofort bis auf weiteres krank geschrieben. Wie lange muss der Arbeitgeber das Gehalt weiter bezahlen?**

- ☐ **a)** 1 Monat
- ☐ **b)** 14 Tage
- ☐ **c)** 6 Monate
- ☐ **d)** 3 Monate
- ☐ **e)** 6 Wochen

18 **Wo ist die Ausbildungsdauer für die einzelnen Berufe festgelegt?**

- ☐ **a)** Berufsbildungsgesetz
- ☐ **b)** Jugendarbeitsschutzgesetz
- ☐ **c)** Grundgesetz
- ☐ **d)** Ausbildungsordnung
- ☐ **e)** Handwerksordnung
- ☐ **f)** Tarifvertrag

19 **Die Abschlussprüfung kann erst nach Ablauf des Ausbildungsvertrages stattfinden. Wann endet das Ausbildungsverhältnis?**

- ☐ **a)** Mit dem Bestehen der Prüfung
- ☐ **b)** Mit der Aushändigung des Prüfungszeugnisses
- ☐ **c)** Am Ende des Monats, in dem die Abschlussprüfung stattfindet
- ☐ **d)** Mit dem Ende der vertraglich vereinbarten Ausbildungszeit
- ☐ **e)** Nach der schriftlichen Prüfung

20 **Für welche Betriebe gilt das Kündigungsschutzgesetz nicht?**

- ☐ **a)** Für Privatbetriebe
- ☐ **b)** Für öffentliche Verwaltungen
- ☐ **c)** Für Betriebe mit weniger als 10 Arbeitnehmern
- ☐ **d)** Für Konzerne, wie Daimler Benz AG, Thyssen AG, ...
- ☐ **e)** Für ausländische Betriebe in Deutschland

I.2 Tarifvertrag, Betriebsverfassungsgesetz, Kündigungsregelungen, Arbeitsgericht, Europäische Union

21 **Verschiedene Personengruppen genießen keinen besonderen Kündigungsschutz. Welche sind das?**

- ▢ **a)** Zivildienstleistende Arbeitnehmer
- ▢ **b)** Betriebsratsmitglieder
- ▢ **c)** Schwangere Frauen
- ▢ **d)** Gewerkschaftsmitglieder
- ▢ **e)** Schwerbehinderte
- ▢ **f)** Auszubildende nach der Probezeit

22 **Für die Einhaltung der Arbeitszeitordnung ist zuständig**

- ▢ **a)** Arbeitsagentur
- ▢ **b)** Amtsgericht
- ▢ **c)** Sozialamt
- ▢ **d)** Ordnungsamt
- ▢ **e)** Gewerbeaufsichtsamt

23 **Was ist nicht Inhalt eines Tarifvertrages?**

- ▢ **a)** Ausbildungsvergütung
- ▢ **b)** Urlaubsgeld
- ▢ **c)** Arbeitsbeginn und Arbeitsende
- ▢ **d)** Stundenlöhne
- ▢ **e)** Wochenarbeitszeit
- ▢ **f)** Kündigungsmöglichkeiten

24 **Welche Aussage bei einem Arbeitsgerichtsprozess ist richtig?**

- ▢ **a)** In allen Instanzen besteht Anwaltszwang.
- ▢ **b)** Der Unterlegene kann immer in die Berufung gehen.
- ▢ **c)** Vor dem Arbeitsgericht benötigt der Kläger keinen Anwalt.
- ▢ **d)** Das Bundesarbeitsgericht hat seinen Sitz in Karlsruhe.
- ▢ **e)** Die Kosten des Anwalts und des Gerichts trägt stets der Unterlegene.

25 **Welche Voraussetzung muss ein Arbeitnehmer erfüllen, wenn er Rechte aus dem Kündigungsschutzgesetz geltend machen will?**

- ▢ **a)** Er muss das 21. Lebensjahr vollendet haben.
- ▢ **b)** Er muss deutscher Staatsangehöriger sein.
- ▢ **c)** Er muss als Angestellter das 35. Lebensjahr vollendet haben und mindestens 15 Jahre im gleichen Betrieb tätig sein.
- ▢ **d)** Er muss verheiratet sein.
- ▢ **e)** Er muss dem Betrieb ohne Unterbrechung länger als 6 Monate angehören.

I.2 Tarifvertrag, Betriebsverfassungsgesetz, Kündigungsregelungen, Arbeitsgericht, Europäische Union

26 Was gehört nicht zu den Aufgaben des Deutschen Gewerkschaftsbundes (DGB)?

- ☐ **a)** Beobachtung und Erforschung des wirtschaftlichen Geschehens
- ☐ **b)** Vertretung der gemeinsamen Interessen der Einzelgewerkschaften
- ☐ **c)** Einwirkung auf den Gesetzgeber in allen Fragen, die die Arbeitnehmer betreffen
- ☐ **d)** Vertretung der Arbeitnehmerinteressen gegenüber den Regierungen
- ☐ **e)** Abschluss von Tarifverträgen

27 In welchem Fall wird gegen die Tarifautonomie verstoßen?

- ☐ **a)** Der Gesetzgeber beschließt ein Gesetz über den Kündigungsschutz.
- ☐ **b)** Die Tarifpartner vereinbaren eine Schlichtungsordnung.
- ☐ **c)** Ein einzelner Arbeitgeber schließt mit einer Gewerkschaft einen Tarifvertrag ab.
- ☐ **d)** Der Gesetzgeber regelt die Höhe des Mindesturlaubs.
- ☐ **e)** Der Bundestag beschließt einen befristeten Lohnstopp.
- ☐ **f)** Ein Arbeitgeberverband verhandelt mit einer Gewerkschaft über Arbeitszeitregelungen.

28 Wieviel Einzelgewerkschaften des DGB sind für die Arbeitnehmer eines Betriebes zuständig?

- ☐ **a)** Soviel Einzelgewerkschaften wie Fertigungszweige im Betrieb vorhanden sind
- ☐ **b)** Grundsätzlich alle im DGB zusammengeschlossenen Einzelgewerkschaften
- ☐ **c)** Grundsätzlich nur eine Einzelgewerkschaft
- ☐ **d)** Grundsätzlich zwei, damit die Arbeitnehmer eines Betriebes zwischen zwei Einzelgewerkschaften wählen können
- ☐ **e)** Mindestens zwei, eine für die Angestellten und eine für die Arbeiter
- ☐ **f)** Soviel Einzelgewerkschaften wie es Berufe im Betrieb gibt

29 Welche Aufgabe hat u.a. die Industrie- und Handelskammer?

- ☐ **a)** Festlegen der Höhe der Ausbildungsvergütung
- ☐ **b)** Feststellen der Eignung von Ausbildungsstätten
- ☐ **c)** Ausarbeitung der sachlichen und zeitlichen Gliederung der Berufsausbildung
- ☐ **d)** Kostenlose Bereitstellung des Prüfungsmaterials für die Prüfungen
- ☐ **e)** Überwachung des Berufsschulunterrichts
- ☐ **f)** Erstellen der Lehrpläne in beruflichen Schulen

I.2 Tarifvertrag, Betriebsverfassungsgesetz, Kündigungsregelungen, Arbeitsgericht, Europäische Union

30 An einer nicht von einer Gewerkschaft getragenen Arbeitsniederlegung beteiligen sich Gewerkschaftsmitglieder und nichtorganisierte Arbeitnehmer einer Betriebsabteilung. Welche Aussage ist richtig?

- ◯ **a)** Der Arbeitgeber muss die Arbeitnehmer der nicht streikenden Abteilungen aussperren.
- ◯ **b)** Die Gewerkschaft muss die Arbeitsniederlegung übernehmen und ihn dadurch zum rechtlich zulässigen Streik machen.
- ◯ **c)** Das Arbeitsamt muss den nichtorganisierten Arbeitnehmern Streikgeld zahlen.
- ◯ **d)** Die Gewerkschaft muss den organisierten Arbeitnehmern Streikgeld zahlen.
- ◯ **e)** Der Arbeitgeber kann alle an der Arbeitsniederlegung beteiligten Arbeitnehmer fristlos entlassen.

31 Zwischen dem Metallarbeitgeberverband und der IG-Metall wurde ein Tarifvertrag abgeschlossen. Darf ein Arbeitgeber der Metallindustrie trotzdem untertarifliche Löhne zahlen?

- ◯ **a)** Ja, wenn die schlechte Auftragslage es erfordert.
- ◯ **b)** Ja, wenn der Betrieb seit mehr als 3 Monaten kurzarbeitet.
- ◯ **c)** Ja, wenn das Arbeitsamt die Genehmigung dazu erteilt.
- ◯ **d)** Ja, wenn der Arbeitgeber dem Arbeitgeber-Verband nicht angehört und wenn der Tarifvertrag nicht für allgemeinverbindlich erklärt wurde.
- ◯ **e)** Nein, jeder Arbeitgeber muss sich an den Tarifvertrag halten.

32 Welche Aussage über die Mitwirkung der Gewerkschaft an den Betriebsversammlungen entspricht dem Betriebsverfassungsgesetz?

- ◯ **a)** Ist die Gewerkschaft im Betrieb vertreten, dann hat sie das Recht, Beauftragte zu entsenden.
- ◯ **b)** Der Beauftragte der Gewerkschaft kann an der Betriebsversammlung nur teilnehmen, wenn der Arbeitgeber damit einverstanden ist.
- ◯ **c)** Gewerkschaftsvertreter dürfen nur an der Versammlung teilnehmen, wenn diese außerhalb der Betriebes durchgeführt wird.
- ◯ **d)** Der Beauftragte der Gewerkschaft ist in der Betriebsversammlung stimmberechtigt.
- ◯ **e)** Nimmt der Arbeitgeber an der Betriebsversammlung teil, so kann auch die Gewerkschaft einen Beauftragten entsenden.

33 Die regelmäßige Amtszeit des Betriebsrates beträgt

- ◯ **a)** 1 Jahr
- ◯ **b)** 2 Jahre
- ◯ **c)** 3 Jahre
- ◯ **d)** 4 Jahre
- ◯ **e)** 5 Jahre

I.2 Tarifvertrag, Betriebsverfassungsgesetz, Kündigungsregelungen, Arbeitsgericht, Europäische Union

34 **Für welche Streitigkeiten ist das Arbeitsgericht zuständig (drei Antworten möglich)?**

- ▢ **a)** Bei Ärger mit der Rentenversicherung
- ▢ **b)** Bei Streitigkeiten zwischen Arbeitgeber und Arbeitnehmer über die Vergütung
- ▢ **c)** Bei Streitigkeiten wegen Nichterteilung einer Baugenehmigung durch ein Bauamt
- ▢ **d)** Bei Klage des Arbeitnehmers wegen einer Kündigung
- ▢ **e)** Bei Streitigkeiten mit der Berufsgenossenschaft wegen der Verletztenrente
- ▢ **f)** Bei Auseinandersetzungen zwischen Arbeitgeberverband und Gewerkschaft wegen Nichteinhaltung des Tarifvertrages

35 **Bei welcher Stelle kann man sich am besten über seine Berufschancen, die Fortbildungsmöglichkeiten oder eine Umschulung beraten lassen?**

- ▢ **a)** Beim Deutschen Gewerkschaftsbund (DGB)
- ▢ **b)** Beim Arbeitgeberverband
- ▢ **c)** Bei der Berufsgenossenschaft (BG)
- ▢ **d)** Bei der Industrie- und Handelskammer (IHK)
- ▢ **e)** Bei der Agentur für Arbeit

36 **Herr Markus stellt fest, dass in seinem vor 15 Jahren erlernten Beruf immer weniger Facharbeiter benötigt werden und einige Kollegen schon arbeitslos sind. Was sollte er umgehend tun?**

- ▢ **a)** Nicht tun und warten bis sich die Lage verbessert.
- ▢ **b)** Sich so schnell wie möglich in seinem erlernten Beruf selbstständig machen.
- ▢ **c)** Sich umfassend über die Möglichkeiten der beruflichen Fortbildung und Umschulung informieren.
- ▢ **d)** Sich um eine Stelle als ungelernter Arbeiter bemühen und seinen Beruf aufgeben.
- ▢ **e)** Sich im Ausland um eine Stelle bemühen.

37 **Die berufliche Weiterbildung wird in Deutschland gefördert. Welche der folgenden Gesetze bildet die Grundlagen der Förderung?**

- ▢ **a)** Bürgerliches Gesetzbuch (BGB)
- ▢ **b)** Betriebsverfassungsgesetz (BetrVG)
- ▢ **c)** Kündigungsschutzgesetz (KSchG)
- ▢ **d)** Bundesurlaubsgesetz (BurlG)
- ▢ **e)** Sozialgesetzbuch (SGB) III – Arbeitsförderung

I.2 Tarifvertrag, Betriebsverfassungsgesetz, Kündigungsregelungen, Arbeitsgericht, Europäische Union

38 **Welches der folgenden Rechte hat jeder Arbeitnehmer?**

- ▢ **a)** Einsicht in die Akten des Betriebsrates zu nehmen
- ▢ **b)** Die Arbeitszeiten seinen persönlichen Bedürfnissen anzupassen
- ▢ **c)** Die über ihn geführte Personalakte einzusehen
- ▢ **d)** Beginn und Ende des Urlaubs allein festzulegen
- ▢ **e)** Seinen Arbeitsplatz selbstständig einzurichten

39 **Welche Zielsetzung wird mit dem in Europa eingeführten *Europass* verfolgt?**

- ▢ **a)** Der Europass ist ein europäischer Reisepass der EU-Staaten.
- ▢ **b)** Der Europass ist eine europäische Geldkarte, mit der europaweit gezahlt werden kann.
- ▢ **c)** Der Europass ist ein weltweiter Reisepass der EU-Staaten.
- ▢ **d)** Der Europass dokumentiert persönliche Fähigkeiten, Kompetenzen und Qualifikationen des Inhabers.
- ▢ **e)** Der Europass informiert über die Reisen des Inhabers innerhalb der EU-Staaten.

40 **Welches wird seitens der EU mit dem Förderprogramm *Leonardo da Vinci* verfolgt?**

- ▢ **a)** Förderung strukturschwacher Gebiete in der EU
- ▢ **b)** Förderung von Forschung und Entwicklung in der EU
- ▢ **c)** Förderung der Aus- und Weiterbildung in Europa
- ▢ **d)** Förderung des internationalen Handels in Europa
- ▢ **e)** Förderung des europäischen Kulturaustausches

I.2 Ungebundene Aufgaben

1 Nennen Sie die Punkte, die ein Arbeitsvertrag nach geltendem Recht aufweisen muss.

2 Erstellen Sie für Ihren Arbeitgeber die zurzeit geltenden wesentlichen Inhalte des Mutterschutz- und des Elterngeldgesetzes, einschließlich der Elternzeit.

3 Erklären Sie Ihrer/Ihrem Arbeitskollegin/en
a) die gesetzlichen Kündigungsfristen für Arbeitnehmer und Arbeitgeber
b) die verlängerte Kündigungsfrist seitens des Arbeitgebers

4 Jeder Arbeitnehmer hat nach Beendigung seines Arbeitsverhältnisses das Recht auf ein Zeugnis.
a) Beschreiben Sie den Grundsatz für die Erstellung eines Arbeitszeugnisses.
b) Erklären Sie, weshalb es den Zeugniscode gibt und nennen Sie zwei Formulierungen mit der jeweiligen Bedeutung.

5 Es geht um das Fragerecht des Arbeitgebers bei Vorstellungsgesprächen, wobei nach dem Bundesdatenschutzgesetz (BDSchG) Fragen zur Person und zu seiner wirtschaftlichen Situation nicht zulässig sind, es sei, der Bewerber hat in dem Beruf damit zu tun, z.B. ein Kassierer ist überschuldet, ein Krankenpfleger ist AIDS-infiziert.
a) Nennen Sie vier zulässige Fragen.
b) Wie sollte ein Bewerber auf zulässige Fragen reagieren?
c) Formulieren Sie Fragen, die ein Arbeitgeber nicht stellen darf und wie darauf ein Bewerber reagieren soll.

6 Das Kündigungsschutzgesetz (KSchG)
a) Nennen Sie die zwei Bedingungen für die Wirksamkeit dieses Gesetzes.
b) Beschreiben Sie unter welchen Umständen Kündigungen nach dem KSchG zulässig sind.
c) Begründen Sie die „Sozialauswahl" bei der betriebsbedingten Kündigung.
d) Benennen Sie die Ausnahme von der Sozialwahl, die das KSchG seit einigen Jahren vorsieht.
e) Erklären Sie die Rolle eines Betriebsrates bei Kündigungen seitens des Arbeitgebers.

7 Grenzen Sie die Begriffe Umschulung, Fort- und Weiterbildung voneinander ab.

I.2 Tarifvertrag, Betriebsverfassungsgesetz, Kündigungsregelungen, Arbeitsgericht, Europäische Union

8 Die Europäische Union

a) Nennen Sie die 27 Mitgliedstaaten der Europäische Union (EU).

b) Grenzen Sie die EU von dem Europäischen Wirtschaftsraum (EWR) ab.

c) Begründen Sie die Erstellung der europäischen Sozialcharta 1961 und nennen Sie drei konkrete Rechte, die Sie als Arbeitnehmerin/Arbeitnehmer in der EU haben sollen.

d) Erläutern Sie folgende Begriffe:
- Europäische Arbeitsverwaltung (EURES)
- Jobbörse der Arbeitsagentur

e) Begründen Sie die Bedeutung des Europapasses für den Arbeitnehmer.

9 Ordnen Sie Ihrem Ausbildungsbetrieb den Wirtschaftsbereich zu.

a) Beschreiben Sie „Ihren" Wirtschaftsbereich ausführlich.

b) Unterscheiden Sie den primären und den sekundären Bereich.

10 „Beruflicher Wandel" bezeichnet eine Entwicklung, die für den Einzelnen heute von großer Bedeutung ist.
Beschreiben Sie, welche Bedeutung Mobilität und Flexibilität für Sie haben.

11 Beschreiben Sie aktuelle und zukünftige Probleme der Handwerksbetriebe in Deutschland.

12 Unterscheiden Sie nach ihrer Zuständigkeit und Organisation die Innung und die Kreishandwerkerschaft.

13 Beschreiben Sie die Aufgaben Ihrer Handwerks- oder Industrie- und Handelskammer.

14 Erklären Sie die Bedeutung und Rolle von Gewerkschaft und Arbeitgeberverband bei Tarifverträgen.

15 Ordnen Sie die Begriffe Friedenspflicht, Streik, Tarifautonomie und Aussperrung dem Ablauf der Tarifverhandlungen zu.

16 Begründen Sie, weshalb Arbeitgeber den neu ausgehandelten Tariflohn auch den nicht organisierten Mitgliedern zahlen.

I.1 Lösungen zu den gebundenen Aufgaben

Seite 4-5		Seite 6-7		Seite 7-9		Seite 9-11	
1	a	11	c	21	b	31	c
2	c	12	c	22	b	32	b-e
3	d	13	c	23	e	33	c
4	b	14	c	24	a	34	c-e
5	b	15	a	25	c	35	d
6	d	16	c	26	e	36	a
7	c	17	a	27	b-e-d-c-a	37	d
8	c	18	c	28	e	38	a
9	c	19	a	29	c	39	b
10	d	20	e	30	d	40	d

I.1 Lösungen zu den ungebundenen Aufgaben

Seite 12-13

1 Das „**Duale System**" bezeichnet die Ausbildung in den zwei Lernorten Betrieb/Praxis und Berufliche Schule, die abgestimmt sein sollte.

2 **a)** **Vertragspartner** in der Ausbildung sind der/die Ausbildende und der/die Auszubildende.

b) Die **Probezeit** beträgt mindestens einen, maximal vier Monate, in der jederzeit von beiden Seiten ohne Grund gekündigt werden kann.

c) Die **Arbeitszeit** beträgt für die Jugendliche/den Jugendlichen maximal 8 Stunden täglich und 40 Stunden wöchentlich; am schulischen „Stammtag" mit mindestens 6 Stunden Unterricht soll keine Beschäftigung mehr sein. Der/die volljährige Auszubildende/r kann nach der Berufsschule immer beschäftigt werden, wobei die wöchentliche Arbeitszeit sich nach dem Ausbildungs- oder Tarifvertrag richtet. Allerdings kann die Arbeitszeit nach dem Arbeitszeitgesetz auf täglich bis 10 Stunden verlängert werden, wenn innerhalb von 6 Monaten im Durchschnitt 8 Stunden nicht überschritten werden.

d) Die **Pausen** betragen für den Minderjährigen bei einer Arbeitszeit von 4,5 bis 6 Stunden 30 Minuten, bei einer Arbeitszeit über 6 Stunden 60 Minuten; für volljährige Beschäftigte soll eine Pause von mindestens 30 Minuten gegeben werden bei einer Arbeitszeit von mehr als 6 bis 9 Stunden, darüber hinaus 60 Minuten. Ruhepausen müssen mindestens 15 Minuten ausmachen.

e) Minderjährige Auszubildende haben mit 15 Jahren mindestens 30, mit 16 Jahren 27 und mit 17 Jahren mindestens 25 Werktage **Urlaubsanspruch**. Dabei zählt das Alter am Jahresanfang! Sieht der Ausbildungs- oder Tarifvertrag mehr Urlaub vor z.B. 30 Werktage, dann hat der/die Auszubildende entsprechend mehr Urlaubsanspruch (=Günstigkeitsprinzip im Arbeitsrecht). Für volljährige Auszubildende gilt neben dem Ausbildungsvertrag auch der Tarifvertrag; das Bundesurlaubsgesetz regelt, dass jedem Arbeitnehmer in Deutschland mindestens 24 Werktage Urlaub zustehen, wobei Werktage alle Kalendertage sind, die nicht Sonn- oder gesetzliche Feiertage sind. Der volle Urlaubsanspruch wird erstmalig nach 6-monatigem Bestehen des Arbeitsverhältnisses erworben.

f) Die **Ausbildung endet** mit Bestehen der Abschlussprüfung, d.h. da die Ausbildung in der Regel vor Ablauf des Ausbildungsvertrages (z.B. 31.07.2011) endet, ist die Ausbildung beendet, wenn der letzte Prüfungsteil am 5. Juli 2011 stattfindet: Arbeitet der/die Auszubildende im Betrieb weiter, dann entsteht automatisch ein unbefristeter Arbeitsvertrag ab dem 6. Juli.

3 **Kündigungsmöglichkeiten in der Ausbildung**

In der Probezeit darf der Ausbildungsvertrag von beiden Vertragspartnern ohne Angabe von Gründen – aber schriftlich – gekündigt werden.

Nach der Probezeit kann das Ausbildungsverhältnis nur gekündigt werden.

a) Aus einem wichtigen Grund (fristlose Kündigung) von beiden Seiten ohne Einhalten einer Kündigungsfrist, z.B. bei Diebstahl, Tätlichkeit, regelmäßiges zu spät Kommen, sexuelle Belästigung – diese Kündigung ist unwirksam, wenn die Tatsachen länger als zwei Wochen dem zur Kündigung Berechtigten bekannt sind. Der Ausbildungsbetrieb kann nach der Probezeit nur aus wichtigem Grund kündigen.

b) Vom Auszubildenden mit einer Kündigungsfrist von 4 Wochen, wenn er/sie die Berufsausbildung aufgeben oder sich für eine andere Berufstätigkeit ausbilden lassen will.

In den Fällen a) und b) muss die Kündigung schriftlich und unter Angabe der Kündigungsgründe erfolgen.

4 Bei Beendigung der Ausbildung ist dem Auszubildenden ein **Arbeitszeugnis** auszustellen. Es enthält Angaben über Art, Ziel und Dauer der Ausbildung sowie über die erworbenen beruflichen Fertigkeiten, Fähigkeiten und das Verhalten im Betrieb. Dieses ausführliche Zeugnis ist ein so genanntes qualifiziertes Zeugnis.

Da das Bundesarbeitsgericht, das höchste deutsche Arbeitsgericht, entschieden hat, dass ein Zeugnis „wohlwollend" zugunsten des Arbeitnehmers, aber auch „wahr" sein muss, hat sich in Deutschland ein Zeugniscode entwickelt, der mit Umschreibungen Schwächen des zu Beurteilenden formuliert.

Beispiel: Bewertung der Arbeitsleistung

Formulierung	*Bewertung*
Stets zu unserer vollsten Zufriedenheit	sehr gut
Stets zu unserer vollen Zufriedenheit	gut
Stets zu unserer Zufriedenheit	befriedigend
zu unserer Zufriedenheit	ausreichend
im Großen und Ganzen zu	mangelhaft
zu unserer Zufriedenheit zu erledigen versucht	ungenügend

Ist der zu Beurteilende mit dem Zeugnis nicht zufrieden, dann kann er nicht gerichtlich durchsetzen, dass der Arbeitgeber ihm ein besseres Zeugnis ausstellt. Dann muss er mit dem einfachen Zeugnis vorlieb nehmen, d.h. neben den persönlichen Daten werden nur die ausgeübten Tätigkeiten mit der entsprechenden Dauer dargestellt.

5 **Rechte des/der Auszubildenden:** Der Ausbildungsbetrieb hat die berufliche Handlungsfähigkeit (Kenntnisse, Fertigkeiten und Fähigkeiten) als Hauptpflicht zu vermitteln, Material und Werkzeuge kostenlos bereit zu stellen, die charakterliche Förderung des jungen Menschen mit zu übernehmen und ihn für die Berufsschule und überbetriebliche Ausbildungen frei zu stellen. Auch hat er ihn zur Führung des Ausbildungsnachweises (Berichtsheft) anzuhalten und es zu kontrollieren.

Pflichten des/der Auszubildenden: Er/sie verpflichtet sich zu lernen, an den vorgeschriebenen Prüfungen und dem Berufsschulbesuch teilzunehmen, den Weisungen, die im Rahmen der Ausbildung erteilt werden, zu folgen und zur Beachtung der Betriebsordnung und pfleglichen Behandlung der Arbeitsmittel. Auch hat er über betriebliche Dinge Stillschweigen zu bewahren. Das Kaufen des für die Abschlussprüfung eventuell benötigten Materials gehört nicht zu seinen Pflichten, da dies der Arbeitgeber durch die Zahlung der Prüfungsgebühren mit leistet.

6 Erst die Lernpflicht sichert den Prüfungserfolg und die Handlungsfähigkeit des Auszubildenden. Die Pflicht zur Ausbildung ermöglicht dem Auszubildenden eine gute Prüfung und die berufliche Kompetenz.

Lösungsteil I.1 Berufsausbildung, Arbeitsvertrag, Arbeitnehmerschutzgesetze, Kündigung, Arbeitsgericht

7 **Arbeitnehmerschutzgesetze:**

- **Behindertengesetz**: Soll sicher stellen, dass insbesondere Schwerbehinderte Chancen auf einen Arbeitsplatz haben.
- **Arbeitszeitgesetz**: Soll die Sicherheit und den Gesundheitsschutz am Arbeitsplatz gewährleisten
- **Kündigungsschutzgesetz**: Soll den Arbeitnehmer vor ungerechtfertigter Kündigung schützen.
- **Jugendarbeitsschutzgesetz**: Soll der Entwicklung des jugendlichen Arbeitnehmers nicht im Weg stehen.
- **Mutterschutzgesetz**: Soll der werdenden Mutter bzw. der jungen Mutter die Chance geben, ihr Kind gesund zur Welt zu bringen und sich nach der Geburt um das Kind zu kümmern.

Das Mutterschutzgesetz legt fest, dass 6 Wochen vor und 8 Wochen nach der Geburt ein besonderer Schutz gilt: Vor der Geburt darf die Schwangere arbeiten, danach ist es ihr für diese 8 Wochen untersagt.

Der Kündigungsschutz besteht während der Schwangerschaft und 4 Monate danach. Schwere körperliche Arbeiten, Schichtarbeit und Akkordarbeiten während der Schwangerschaft sind verboten.

8 **Günstigkeitsprinzip:**

In den allgemeinen Rechtsgebieten geht immer die obere Regelung vor der nachfolgenden Regelung, d.h. Gesetze gehen vor Tarifverträgen (Überordnungsprinzip). Im Arbeitsrecht gilt dagegen immer die Regelung, die für den Arbeitnehmer am günstigsten ist (Günstigkeitsprinzip).

Beispiel: Das Bundesurlaubsgesetz enthält als Mindestregelung 24 Werktage pro Jahr, im Tarifvertrag sind 28 Tage genannt, im Arbeitsvertrag 30 Tage. Rechtswirksam sind die 30 Tage, da sie für den Arbeitnehmer am günstigsten sind.

9 Die Tarifvertragsparteien (Tarifpartner, Sozialpartner) sind auf Arbeitnehmerseite die Gewerkschaften, auf Arbeitgeberseite die Arbeitgeberverbände oder der einzelne Arbeitgeber (§ 2 Tarifvertragsgesetz). **Tarifverträge**, die zwischen Arbeitgeberverband und Gewerkschaft auf Bezirks-, Landes- oder Bundesebene geschlossen werden, werden als Verbandstarifverträge bezeichnet. Schließt ein einzelner Arbeitgeber mit einer Gewerkschaft einen Tarifvertrag, so handelt es sich hierbei um einen Firmen-, Werks-, Betriebs- bzw. Haustarifvertrag.

Grundsätzlich gelten die tariflichen Regelungen nur für die Mitglieder der Tarifvertragsparteien: Der Arbeitgeber muss dem Tarif schließenden Arbeitgeberverband, der Arbeitnehmer der Tarif schließenden Gewerkschaft angehören. Für den /die Auszubildende gilt der Inhalt des Ausbildungsvertrages, z.B. auch für die Ausbildungsvergütung – dieser Inhalt kann aus dem Gehaltstarifvertrag entnommen sein.

10 Arbeiten mindestens 5 jugendliche Arbeitnehmer oder Auszubildende, die noch nicht 25 Jahre alt sind, in einem Betrieb, so sollen diese eine **Jugend- oder Auszubildendenvertretung** wählen. Gewählt werden können alle Arbeitnehmer, die noch nicht 25 Jahre alt sind. Die Amtszeit beträgt 2 Jahre.

Alle Fragen/Wünsche von den jugendlichen Arbeitnehmern sind an den Betriebsrat, nicht an den Arbeitgeber direkt zu richten (§ 61 BetrVG).

Will ein Arbeitgeber einen Auszubildenden, der Jugendvertreter ist, nach Abschluss der Ausbildung nicht weiter beschäftigen, dann hat er ihm 3 Monate vor Ende der Ausbildung zu kündigen.

11 **a)** Die SV-Abgaben für die/den Auszubildenden betragen (Stand: 01.01.2011):

- 50 % von 19,9 RV = 9,95 %
- KV = 15,5 %, da von AN = 8,2 %
  (Der Arbeitgeber zahlt nur noch 7 %!)
- 50 % von 3 % AV = 1,5 %
- 50 % von 1,95 % PflV = 0,975 %

Summe für Arbeitnehmer = 20,625 %

b) Da der Staat aufgrund der Freibeträge bei der Steuer erst Bruttoeinkommen ab rund 860 Euro besteuert, zahlen die meisten Auszubildenden wie auch andere Arbeitnehmer dann keine Steuern.

c) Die Ausbildungsvergütung beträgt 650 + 20 Euro Arbeitgeberbeitrag zu Vermögenswirksamen Leistungen an die Bausparkasse, so dass von einer Gesamtver gütung von 670 Euro die SV-Abgaben zu leisten sind; hinzu kommt die Abgabe der VL an die Bausparkasse in Höhe von 40 Euro monatlich.

Berechnung: 670 – 138,19 (≙ 20,625 %) – 40 = 491,81 Euro Auszahlungsbetrag

12 Es sollen **in den Zeugnissen** bei möglichen negativen Urteilen Benachteiligungen bei Bewerbungen um einen Arbeitsplatz vermieden werden. Es soll vor subjektiven Einschätzungen des Betriebes schützen, da Fleiß, Arbeitsverhalten, soziales Verhalten nur schwer objektiv eingeschätzt werden können.

Lösung zur Situation: Herrn Wacker wird gekündigt

1. Kündigung bedarf keiner besonderen Form, deshalb so möglich, ordentliche Kündigung, da mit Frist
2. 3 Monate Kündigungsfrist, wurde eingehalten
3. Innerhalb einer Woche beim Arbeitgeber; der Arbeitnehmer wird weiter beschäftigt bis zur Klärung des Sachverhalts beim Arbeitsgericht.
4. Sozialauswahl fehlerhaft, da der Kollege Meister danach „dran" wäre, der kürzer im Betrieb, jünger ist und keine Unterhaltspflichten hat.
5. Herr Wacker hat die 21-Tage Kündigungsschutzklagefrist nicht eingehalten, so dass sein Widerspruch ohne rechtliche Wirkung bleibt.

I.2 Lösungen zu den gebundenen Aufgaben

Seite 16-18		Seite 18-20		Seite 21-23		Seite 23-25	
1	d	11	e	21	d	31	d
2	b-e	12	b	22	e	32	a
3	c	13	d	23	c	33	d
4	e	14	7a-1b-4c	24	c	34	b-d-f
5	c	15	e	25	e	35	e
6	b	16	b-e-d-c-a	26	e	36	c
7	c	17	e	27	e	37	e
8	c	18	d	28	c	38	c
9	c	19	d	29	b	39	d
10	c	20	c	30	e	40	c

I.2 Lösungen zu den ungebundenen Aufgaben

Seite 26-27

1 Ein **Arbeitsvertrag** muss laut Nachweisgesetz folgende Punkte mindestens enthalten:

- Personalien der Parteien
- Arbeitsplatz
- Stellenbeschreibung/Amtsbezeichnung
- Beginn des Arbeitsvertrages
- Dauer des Arbeitsverhältnisses bei befristeten Arbeitsverträgen
- Dauer des Jahresurlaubes
- Einzuhaltende Kündigungsfristen
- Höhe des Arbeitsentgeltes
- Tages- oder Wochenarbeitszeit
- Gegebenenfalls Angabe der Tarifverträge oder anderer kollektiver Vereinbarungen, z.B. einer Betriebsvereinbarung

2 Das **Mutterschutzgesetz** legt fest, dass

- 6 Wochen vor und 8 Wochen nach der Geburt ein besonderer Schutz gilt: Vor der Geburt darf die Schwangere arbeiten, danach ist es ihr für diese 8 Wochen untersagt.
- der Kündigungsschutz während der Schwangerschaft und 4 Monate danach besteht.
- schwere körperliche Arbeiten, Schichtarbeit und Akkordarbeiten während der Schwangerschaft verboten sind.

Das **Elterngeldgesetz** regelt den Anspruch auf Elterngeld, den Mütter oder Väter in den ersten 12 Monaten nach der Geburt erhalten. Die Höhe beträgt 67% des Nettogehalts, maximal 1.800 Euro. Nimmt der andere Partner zusätzlich 2 Monate noch in Anspruch, erhält dieser für diese 2 Monate ebenfalls Elterngeld.

Der Anspruch auf Elternzeit besteht maximal 3 Jahre ab der Geburt. Während dieser Zeit besteht absoluter Kündigungsschutz. Dabei können sich die Eheleute nach der Mutterschutzfrist (bis 2 Monate nach der Geburt) je nach Wunsch abwechseln. Ein Jahr kann aufgehoben werden bis zum 8. Lebensjahr des Kindes, z.B. um das Kind in dem Jahr der Einschulung zu begleiten. Ab 1. Januar 2010 gilt das neue Familienleistungsgesetz. Damit beträgt das Kindergeld ab Januar 2010 für das erste und zweite Kind monatlich 184 Euro; für das dritte Kind 190 und ab dem vierten Kind je 215 Euro im Monat.

3 **a)** Die gesetzlichen **Kündigungsfristen** betragen für Arbeitnehmer wie für Arbeitgeber 4 Wochen zum 15. oder zum Monatsende – diese gelten, es sei denn im Arbeitsvertrag werden andere Kündigungsfristen genannt.

b) Beträgt die Beschäftigungsdauer mehr als 2 Jahre, so gelten durch den Arbeitgeber folgende gesetzliche Kündigungsfristen zum Monatsende:

- nach 2 Jahren: 1 Monat Kündigungsfrist
- nach 5 Jahren: 2 Monate Kündigungsfrist
- nach 8 Jahren: 3 Monate Kündigungsfrist
- nach 10 Jahren: 4 Monate Kündigungsfrist
- nach 12 Jahren: 5 Monate Kündigungsfrist
- nach 15 Jahren: 6 Monate Kündigungsfrist
- nach 20 Jahren: 7 Monate Kündigungsfrist

Innerhalb der bis sechsmonatigen Probezeit kann jederzeit – von beiden Vertragspartnern! – mit einer Frist von 2 Wochen ohne Grund gekündigt werden.

Lösungsteil I.2 Tarifvertrag, Betriebsverfassungsgesetz, Kündigungsregelungen, Arbeitsgericht, Europäische Union

4

a) Jedes **Arbeitszeugnis** muss „wohlwollend“ und „wahr“ für den Arbeitnehmer formuliert sein (das Bundesarbeitsgericht schreibt dies vor).

b) Da keine offenen negativen Inhalte im Arbeitszeugnis stehen sollen – der Arbeitnehmer könnte sonst die Chance auf eine neue Stelle verlieren – gibt es verdeckte Formulierungen, die auf den ersten Blick positiv erscheinen, von Fachleuten aber als negativ eingeschätzt werden können.
„Er/sie hat stets zu unserer vollsten Zufriedenheit gearbeitet“ = sehr gut
„Er/Sie hat sich bemüht“ = mangelhaft

5

Fragerecht des Arbeitgebers

a) Fragen nach Schulabschluss, Ausbildung, Praktika, Arbeitstätigkeiten

b) Sie wahrheitsgemäß beantworten

c) Nicht zu fragen ist nach Konfession, Familienplanung, Zusammenleben mit Freund, Gewerkschaftszugehörigkeit. Der Bewerber/die Bewerberin darf diese Fragen „falsch“ beantworten und deswegen später nicht gekündigt werden – so die aktuelle Rechtssprechung im November 2009.

6

Das Kündigungsschutzgesetz (KSchG)

a) Länger als 6 Monate im Betrieb und dieser muss mehr als 10 Beschäftigte aufweisen.

b) Kündigungen nach dem Gesetz sind nur aus personenbedingten (Krankheit), verhaltensbedingten Gründen (z.B. Prügelei, dauernde Unpünktlichkeit = vorher ist immer eine schriftliche Abmahnung zu erstellen!), betriebsbedingten Gründen (z.B. Auftragsmangel, Betriebsschließung) rechtlich möglich – die Kündigung muss beweisbar sein.

c) „Sozialauswahl“ bedeutet, dass Arbeitnehmer mit langer Betriebszugehörigkeit, höherem Alter, Unterhaltspflichten und Schwerbehinderung eher ein Recht auf ein Verbleiben im Betrieb bei einer Kündigung aus betrieblichen Gründen haben, wenn andere Kollegen mit gleicher Qualifikation und Tätigkeiten diese Merkmale nicht erfüllen.

d) Um zu verhindern, dass jüngere Arbeitnehmer bei einer Kündigung nach der Sozialauswahl zuerst gehen müssten, hat der Gesetzgeber im §1 Kündigungsschutzgesetz eine Ausnahme genannt: Für den Betrieb wichtige, gut qualifizierte Arbeitnehmer können aus der Sozialauswahl herausgenommen werden. Diese Fälle müssen belegt sein und dem Betriebsrat erklärt werden können.

e) Der Betriebsrat ist über jede Kündigung zu informieren und hat eine Woche Zeit, der ordentlichen Kündigung zu widersprechen, z.B. wegen falscher Sozialauswahl. Bei der außerordentlichen Kündigung hat der Betriebsrat 3 Tage Widerspruchsfrist – nutzt er diese nicht, gilt die Kündigung als rechtlich zulässig. Das Arbeitsgericht entscheidet dann über die Wirksamkeit der Kündigung.

7 **Umschulung** bedeutet den Übergang in eine andere zukunftsorientierte Ausbildung oder Tätigkeit; sie wird von der Arbeitsagentur unterstützt.

Die berufliche **Fortbildung** soll die beruflichen Kenntnisse und Fertigkeiten erhalten, erweitern und der Entwicklung anpassen, auch um beruflich aufzusteigen.

Diese Fortbildung im Beruf wird häufig der **Weiterbildung** gegenübergestellt, bei der auch neue Berufe erlernt werden. Ziel der beruflichen Fort- und Weiterbildung ist es, den sich ständig verändernden Anforderungen im beruflichen und gesellschaftlichen Leben im Sinne des lebenslangen Lernens gerecht zu werden.

8 **Europäische Union:**

a) Belgien, Bulgarien, Dänemark, Deutschland, Estland, Finnland, Frankreich, Griechenland, Irland, Italien, Lettland, Litauen, Luxemburg, Malta, Niederlande, Österreich, Polen, Portugal, Rumänien, Schweden, Slowakei, Slowenien, Spanien, Tschechien, Ungarn, Vereinigtes Königreich, Zypern

b) Der Europäische Wirtschaftsraum ist ein Abkommen. Geschlossen wurde es von den Mitgliedstaaten der EU (siehe Antwort a) und den Mitgliedstaaten der Europäischen Freihandelszone (EFTA) mit Ausnahme der Schweiz. Damit ist der Europäische Binnenmarkt auch auf Island, Liechtenstein und Norwegen ausgedehnt.

c) Die Europäische Sozialcharta von 1961 soll der Bevölkerung in den EU-Staaten umfassende soziale Rechte garantieren. Insgesamt sind 19 soziale Rechte angegeben. Die „bindenden Rechte" sind:
- Recht auf Arbeit,
- Koalitions- oder Vereinigungsrecht,
- Recht auf Kollektivverhandlungen,
- Recht auf soziale Sicherheit,
- soziales Fürsorgerecht,
- Recht auf besonderen gesetzlichen, wirtschaftlichen und sozialen Schutz der Familie,
- Schutzrechte für Wanderarbeiter und ihre Familien.

d)
- **EURES**: Kooperations- und Informationsverbund der europäischen Arbeitsverwaltungen mit dem Ziel, den europäischen Arbeitsmarkt mit Vermittlungsdienstleitungen zu fördern
- **Jobbörse**: Unter Jobbörsen versteht man einen Online-Stellenmarkt mit umfangreichen Sammlungen von Stellenausschreibungen diverser Unternehmen und Stellengesuchen von Bewerbern.

e) Kostenloser Service der Europäischen Kommission zur europaweit transparenten Darstellung der Qualifikationen, Fähigkeiten, Kompetenzen, welcher hilft, sich schnell und ohne Grenzen auf dem europäischen Arbeitsmarkt zu bewegen.

Lösungsteil I.2 Tarifvertrag, Betriebsverfassungsgesetz, Kündigungsregelungen, Arbeitsgericht, Europäische Union

9 **a)** individuell unterschiedlich, z.B. Hotelbetrieb = tertiärer Bereich = Dienstleistungsbereich
Tischler = sekundärer Bereich = Produktionsbereich
Primärer Bereich = Holzbearbeiter im Sägewerk

b) Primärer Bereich = An- und Abbaubetriebe = Land- und Forstwirtschaft
Sekundärer Bereich = Ver- und Bearbeitung in Industrie und Handwerk

10 **Beruflicher Wandel** heißt für den Einzelnen stetige Fort- und Weiterbildung, Mobilität zur Erreichung eines Arbeitsplatzes (Umzüge) und mehr Wechsel von Betrieben als früher üblich und nötig.

11 Die gegenwärtigen und zukünftigen Probleme des deutschen Handwerks sind insbesondere volkswirtschaftlicher und betriebswirtschaftlicher Art.

Volkswirtschaftliche Probleme:

- Veränderung der Absatzmärkte.
- Steigende Schwarzarbeit.
- Sättigung des Marktes bei Gütern des täglichen Bedarfs.
- EU-Binnenmarkt und freier Marktzutritt für EU-Ausländer
- Konkurrenz durch Baumärkte und steigende Heimwerkertätigkeit.

Betriebswirtschaftliche Probleme:

- Hohe Lohnnebenkosten durch hohe Sozialabgaben des Arbeitgebers
- Häufig eine zu geringe Eigenkapitaldecke
- Häufig zu geringe Betriebserträge.
- Schneller technologischer Wandel, der zu schnellen Anpassungen der Fertigung und der Produkte zwingt
- Nachwuchs- und Fachkräftemangel, da qualifizierte Auszubildende nur selten für das Handwerk gewonnen werden können.

12 Das Deutsche Handwerk gliedert sich in eine regionale und eine fachliche Seite. Zur regionalen Organisation gehören die **Kreishandwerkerschaften** und die Handwerkskammern. Die Spitzeneinrichtung auf Bundesebene ist der Deutsche Handwerkskammertag als Zusammenschluss der regionalen Handwerkskammern. Sie vertreten grundsätzlich die Gesamtinteressen des Handwerks, ihre Mitglieder gehören verschiedenen Handwerkszweigen an.
Die Kreishandwerkerschaften sollen im Wesentlichen die **Innungen** bei der Erfüllung ihrer Aufgaben unterstützen und übernehmen die Geschäftsführung der einzelnen Mitgliedsinnungen, soweit keine Innungsgeschäftsstelle besteht; die örtlichen Behörden durch Anregungen, Gutachten und Auskünfte beraten.

Zur fachlichen Seite der Handwerksorganisation gehören die Innungen, die Landesinnungsverbände und die Bundesinnungsverbände der verschiedenen Handwerke. Auf höchster Ebene haben sich die Bundesinnungsverbände zur Bundesvereinigung der Fachverbände des Deutschen Handwerks zusammengeschlossen.

Eine Innung ist der freiwillige Zusammenschluss von selbstständigen Handwerkern des gleichen Handwerks zur Förderung ihrer gemeinsamen gewerblichen Interessen innerhalb eines bestimmten Bezirks, z.B. Tischler-Innung.

Für jedes Handwerk kann in einem Bezirk nur eine Innung gebildet werden. Die Innungen haben die Rechtsform der Körperschaft des öffentlichen Rechts und können in dieser Eigenschaft hoheitliche Aufgaben (z.B. Abnahme der Gesellenprüfung) wahrnehmen. Die Aufsicht über die Handwerksinnungen eines Bezirks führt die jeweilige Handwerkskammer.

13 Die **Handwerkskammer** ist die gesetzlich vorgeschriebene Einrichtung zur Interessenvertretung und Selbstverwaltung des Handwerks in einem bestimmten Bezirk (oft dem Regierungsbezirk entsprechend).

Die Handwerkskammern sind als Körperschaften des öffentlichen Rechts die maßgeblichen Einrichtungen der handwerklichen Selbstverwaltung und können ihre Geschicke grundsätzlich selbst bestimmen. Sie unterstehen der Aufsicht durch das jeweilige Landeswirtschaftsministerium, das auch ihre Satzung erlässt. Ihr gehören die selbständigen Handwerker des Kammerbezirks, die Inhaber handwerksähnlicher Betriebe sowie die Gesellen und Lehrlinge dieser Gewerbetreibenden als Pflichtmitglieder an.

Kennzeichnend für die Handwerkskammern ist ihre Mittelstellung zwischen der gewerblichen Wirtschaft und dem Staat. Aufgaben sind:

1. Förderung und Vertretung der Gesamtinteressen des Handwerks
2. Führung der Handwerksrolle und Ausstellung der Handwerkskarte
3. Erlass von Meisterprüfungsordnungen für die einzelnen Handwerke
4. Unterstützung der staatlichen Behörden durch Anregungen, Vorschläge und die Erstellung von Gutachten
5. Regelung und Überwachung der Berufsausbildung
6. Führung der Lehrlingsrolle
7. Durchführung von Fortbildungs- und Umschulungsprüfungen
8. Bestellung und Vereidigung von Sachverständigen
9. Betriebswirtschaftliche, rechtliche und organisatorische Beratung von Handwerksbetrieben

Die für die Arbeit und Verwaltung der Handwerkskammer anfallenden Kosten werden von den in der Handwerksrolle eingetragenen, selbständigen Handwerkern und handwerksähnlichen Unternehmern getragen.

Die Industrie- und Handelskammern (IHK) sind die gesetzlich bestimmten Interessenvertretungsorgane der Unternehmen aus den Bereichen Industrie, Handel und Verkehr. Alle im Kammerbezirk tätigen Gewerbetreibenden außer den selbstständigen Handwerkern gehören der Industrie- und Handelskammer als Pflichtmitglied an.

Die **Industrie- und Handelskammern** sind Körperschaften des öffentlichen Rechts und werden durch die Wirtschaftsministerien der Bundesländer beaufsichtigt.

Ihre Aufgaben sind im Wesentlichen:

1. Die Interessenvertretung und die Förderung der ihnen angehörenden Betriebe aus der gewerblichen Wirtschaft.
2. Die Beratung und die Unterstützung von Behörden durch Berichte, Vorschläge und Gutachten.
3. Förderung und Durchführung der kaufmännischen und gewerblichen Berufsausbildung.

14 **Gewerkschaften** sind freiwillige, privatrechtliche Vereinigungen zur Wahrung und Durchsetzung der wirtschaftlichen und sozialen Interessen von Arbeitnehmern. Im Rahmen der durch das Grundgesetz garantierten Tarifautonomie haben die Gewerkschaften, zusammen mit den Arbeitgeberverbänden das Recht, die Arbeitsbedingungen (z.B. Lohnhöhe, Arbeitszeit oder Urlaub) selbstständig und ohne staatlichen Eingriff festzulegen. Einzelne Aufgaben der Gewerkschaften sind z.B. die Verbesserung der Arbeitsbedingungen, die Sicherung von Arbeitsplätzen, die Vertretung von Arbeitnehmern vor Arbeitsgerichten, das Führen von Tarifverhandlungen und der Abschluss von Tarifverträgen. **Arbeitgeberverbände** sind freiwillige, privatrechtliche Zusammenschlüsse von selbstständigen Unternehmern. Beispiel: Der Metallarbeitgeberverband Hessen. Sie haben die Aufgabe, die sozialpolitischen und arbeitsrechtlichen Interessen der ihnen angeschlossenen Mitglieder gegenüber dem Staat, der Gesellschaft und den Gewerkschaften zu vertreten. Sie führen Tarifverhandlungen mit den Gewerkschaften, schließen Tarifverträge ab und beraten angeschlossenen Unternehmer in arbeits- und sozialrechtlichen Fragen. Die Arbeitgeberverbände sind fachlich und regional gegliedert. Die Spitzenorganisation ist die Bundesvereinigung der Deutschen Arbeitgeberverbände (BDA).

15 **Ablauf Tarifverhandlungen**

Während der Laufzeit des Tarifvertrags darf nicht gestreikt oder ausgesperrt werden (= Friedenspflicht der Tarifvertragsparteien); danach darf nach erfolglosen Verhandlungen von der Gewerkschaft der Streik ausgerufen werden, wenn die Mitglieder mit 75% Zustimmung dies wollen; ist der Streik begonnen worden, dürfen auch die Arbeitgeber dieser Branche aussperren, d.h. aus Solidarität mit den bestreikten Betriebe ihrerseits die „Tore" von innen schließen. Bei Streik und Aussperrung erhalten die Mitglieder von ihrer Gewerkschaft Streikgeld, die Nicht-Mitglieder gehen leer aus und erhalten auch kein Arbeitslosengeld, da das Arbeitsverhältnis nur "ruht". In die Tarifverhandlungen und – auseinandersetzungen soll sich der Staat nicht einmischen (Tarifautonomie = im Grundgesetz als Koalitionsfreiheit definiert).

16 Um den Betriebsfrieden zu sichern und damit die Organisationsbereitschaft der Arbeitnehmer zu verringern, d.h. sonst würden mehr Arbeitnehmer Mitglied der Gewerkschaft werden, so dass die den Druck auf den Arbeitgeber erhöhen könnte.

II

Nachhaltige

Existenzsicherung

II.1 Gebundene Aufgaben

1 Seit wann besteht in Deutschland die Sozialversicherung?

- [ ] **a)** 1871
- [ ] **b)** 1883
- [ ] **c)** 1889
- [ ] **d)** 1918
- [ ] **e)** 1933

2 Für welche Sozialversicherung zahlt der Arbeitnehmer die höchsten Beiträge?

- [ ] **a)** Krankenversicherung
- [ ] **b)** Arbeitslosenversicherung
- [ ] **c)** Unfallversicherung
- [ ] **d)** Rentenversicherung
- [ ] **e)** Berufsgenossenschaft
- [ ] **f)** Lohnsteuer

3 Welche der genannten Versicherungen zählt zu den Individualversicherungen, nicht zur gesetzlichen Sozialversicherung?

- [ ] **a)** Krankenversicherung
- [ ] **b)** Unfallversicherung
- [ ] **c)** Rentenversicherung
- [ ] **d)** Arbeitslosenversicherung
- [ ] **e)** Haftpflichtversicherung

4 Welche Aussage über die gesetzliche Krankenversicherung ist richtig?

- [ ] **a)** Jeder Angestellte, unabhängig vom Bruttogehalt, ist versicherungspflichtig.
- [ ] **b)** Jeder Arbeiter, unabhängig vom Bruttolohn, ist versicherungspflichtig.
- [ ] **c)** Der Angestellte erhält im Krankheitsfall 4 Wochen sein Gehalt weiter; danach berzieht er Krankengeld.
- [ ] **d)** Nach dem Tode des Versicherten zahlt die Krankenkasse Witwen- und Waisenrente.
- [ ] **e)** Das Krankengeld ist für jeden Arbeitnehmer gleich hoch und zeitlich unbegrenzt.
- [ ] **f)** Keine Antwort ist richtig.

5 Wie ist die Beitragszahlung zur gesetzlichen Krankenversicherung geregelt?

- ◯ a) Die Pflichtversicherten führen 14 % ihres Bruttoeinkommens an die Krankenversicherung ab.
- ◯ b) Arbeitnehmer und Arbeitgeber teilen sich den Beitragssatz, den der Arbeitgeber an die Krankenversicherung abführt.
- ◯ c) Die Arbeitnehmer allein tragen die Kosten der Krankenversicherung.
- ◯ d) Arbeitnehmer, Arbeitgeber und der Bund teilen sich die Kosten.
- ◯ e) Der Arbeitgeber trägt die Kosten zu 100 %.
- ◯ f) Das Defizit der Krankenkassen trägt der Bund zu einem gewissen Teil.

6 Welche Aussage trifft auf das Solidaritätsprinzip zu?

- ◯ a) Soziale Vorsorge ist Aufgabe des Staates.
- ◯ b) Eine Gemeinschaft, die sich selnst verwaltet, deckt die Risiken des einzelnen Mitglieds ab.
- ◯ c) Der Einzelne haftet für seine Lebensrisiken.
- ◯ d) Verwandte in gerader Linie sind sich gegenseitig zur sozialen Sicherung verpflichtet.
- ◯ e) Der Staat hilft erst, wenn der einzelne das selbst nicht mehr schafft.

7 Welche Organe repräsentieren die Verwaltung eines Sozialversicherungszweiges?

- ◯ a) Vertreterversammlung und Geschäftsführung
- ◯ b) Vertreterversammlung und Vorstand
- ◯ c) Arbeitnehmerrat und Arbeitgeberrat
- ◯ d) Senat und Geschäftsführung

8 Dem Arbeitnehmer X werden monatlich Beiträge für die gesetzliche Rentenversicherung abgezogen. Wovon hängt die Höhe dieser Beiträge ab?

- ◯ a) Von seinem Beruf
- ◯ b) Von seinem Alter
- ◯ c) Von seinem Familienstand
- ◯ d) Von seinem Bruttoverdienst
- ◯ e) Von seinem Nettoverdienst

9 Wie ist die Krankenversicherung für Arbeitslose geregelt?

- ◯ a) Mit der Arbeitslosigkeit endet die Versicherungspflicht in der Krankenkasse.
- ◯ b) Der letzte Arbeitgeber muss 6 Wochen lang die Versicherungsbeiträge weiterbezahlen, dann erlischt die versicherungspflicht.
- ◯ c) Sobald der Arbeitslose erfasst ist, übernimmt die Bundeagentur für Arbeit die Beitragszahlungen.
- ◯ d) Ohne dass Beiträge entrichtet werden müssen, ist der Arbeitslose für die Dauer der Arbeitslosigkeit weiterversichert.
- ◯ e) Der Staat zahlt aus Steuermitteln die Beiträge weiter.

10 **Welche Aussage zur Beitragsregelung in der gesetzlichen Unfallversicherung ist falsch?**

- a) Arbeitgeber und Arbeitnehmer tragen jeweils die Hälfte des Beitrags.
- b) Nur der Arbeitgeber ist beitragspflichtig.
- c) Die Beitragshöhe wird jährlich für den einzelnen Betrieb neu festgesetzt.
- d) Die Beitragshöhe richtet sich nach der jeweiligen Gefahrenklasse und nach der Größe des Betriebes (Bruttolohnsumme).
- e) Der Arbeitnehmer trägt keine Beiträge für die Sozialversicherung.

11 **Wer legt den Beitragssatz und Beitragsbemessungsgrenze für die Rentenversicherten fest?**

- a) Deutsche Rentenversicherung Bund
- b) Vertreterversammlung
- c) Bundestag
- d) Vertreterversammlung und Vorstand
- e) Die Wähler bei der Bundestagswahl

12 **Wie sind die Beitragsanteile zur Rentenversicherung geregelt?**

- a) 1/3 Arbeitnehmer, 1/3 Arbeitgeber, 1/3 Bund
- b) Arbeitnehmer und Arbeitgeber je zur Hälfte
- c) 1/3 Arbeitnehmer, 2/3 Arbeitgeber
- d) Ausschließlich Arbeitgeber
- e) Nur der Staat

13 **Wer ist Träger der Arbeitslosenversicherung?**

- a) Deutsche Rentenversicherung
- b) Berufsgenossenschaft
- c) Bundeagentur für Arbeit
- d) Deutscher Bundestag
- e) Die einzelnen Arbeitsagenturen

14 **Welche Aufgabe hat die Arbeitslosenversicherung nicht zu erbringen?**

- a) Vermittlung von Arbeitsplätzen
- b) Gewährung der Sozialhilfe für allein erziehende Mütter
- c) Durchführung von Umschulung
- d) Zahlung von Kurzarbeitergeld
- e) Zahlung von Hartz IV (Arbeitslosengeld II)

15 **Für welche Streitigkeiten ist das Arbeitsgericht nicht zuständig?**

- ☐ **a)** Zwischen Betriebsrat und Unternehmensleitung
- ☐ **b)** Zwischen Arbeitnehmer und Arbeitgeber
- ☐ **c)** Zwischen Arbeitgeberverband und Gewerkschaft
- ☐ **d)** Zwischen Arbeitgeber und Berufsgenossenschaft
- ☐ **e)** Zwischen Arbeitgeber und Gewerkschaft

16 **Welche Aufgabe hat die Sozialgerichtsbarkeit zu erfüllen?**

- ☐ **a)** Streitigkeiten zwischen Arbeitnehmer und Arbeitgeber zu klären
- ☐ **b)** Den Mitgliedern der Sozialversicherung Schutz vor fehlerhaften Entscheidungen der Versicherungen zu gewähren
- ☐ **c)** Streitfälle zwischen den Sozialversicherungen und der Regierung zu entscheiden
- ☐ **d)** Einen umfangreichen Leistungskatalog für die Versicherten zu erzwingen.
- ☐ **e)** Für die Stabilität der Beitragssätze zu sorgen

17 **Vor welchem Gericht kann der Kläger in Berufung gehen, wenn seine Klage vom Sozialgericht abgewiesen wurde?**

- ☐ **a)** Verwaltungsgericht
- ☐ **b)** Landesversicherungskammer
- ☐ **c)** Landessozialgericht
- ☐ **d)** Bundessozialgericht
- ☐ **e)** Landgericht

18 **Wo ist der Sitz des Bundessozialgerichts?**

- ☐ **a)** Berlin
- ☐ **b)** Frankfurt
- ☐ **c)** Bonn
- ☐ **d)** Karlsruhe
- ☐ **e)** Kassel

19 **Wer sind die Träger der gesetzlichen Unfallversicherung?**

- ☐ **a)** Krankenkassen
- ☐ **b)** Berufsgenossenschaften
- ☐ **c)** Versicherungsgesellschaften
- ☐ **d)** Bundesagentur für Arbeit
- ☐ **e)** Betreffende Berufsverbände

20 **Zu einer der folgenden Sozialversicherungen muss der Arbeitgeber die Beiträge allein entrichten. Bei welcher der folgenden Versicherungen trifft dies zu?**

- ☐ **a)** Krankenversicherung
- ☐ **b)** Unfallversicherung
- ☐ **c)** Rentenversicherung
- ☐ **d)** Arbeitslosenversicherung
- ☐ **e)** Invalidenversicherung

21 **Die Angestellte Karin Schneider hatte im Monat Juli die folgenden Abzüge:**
– Kranken-, Renten-, Pflege- und Arbeitslosenversicherung: 360,– Euro
– Lohnsteuer: 205,– Euro
– Kirchensteuer: 20,– Euro

Wie viel Euro hat ihr Arbeitgeber für diesen Monat *insgesamt* an die gesetzliche Krankenkasse zu überweisen (aufgerundet)?

- ☐ **a)** 360,– Euro
- ☐ **b)** 225,– Euro
- ☐ **c)** 585,– Euro
- ☐ **d)** 720,– Euro
- ☐ **e)** 450,– Euro

22 **Welcher der folgenden Arbeitnehmer ist nicht krankenversicherungspflichtig in einer gesetzlichen Krankenkasse?**

- ☐ **a)** Elektriker Kurt Lorenzen, beschäftigt bei Ullmann & Co.; Einkommen monatlich 3.100,– Euro brutto
- ☐ **b)** Horst Mader, Geschäftsführer der Raiffeisen-Hauprgenossenschaft; Einkommen moantlich 10.500,– Euro brutto
- ☐ **c)** Auszubildende Karin Struck der Siemens AG
- ☐ **d)** Angestellter Hortenius, Waldemar, Firma Gießen-Druck; Einkommen monatlich 2.800,– Euro brutto
- ☐ **e)** Hausgehilfin Karin Schultze bei Zahnarzt Dr. Speitel

23 **Welche Angabe über die Arbeitslosenversicherung trifft zu?**

- ☐ **a)** Versicherungspflichtig sind alle Personen, die kranken- oder rentenversicherungspflichtig sind.
- ☐ **b)** Der Arbeitgeber trägt den Beitrag allein.
- ☐ **c)** Arbeitslosengeld II wird nur bei unverschuldeter Arbeitslosigkeit gewährt.
- ☐ **d)** Träger der Arbeitslosenversicherung sind die Deutsche Rentenversicherung Land.
- ☐ **e)** Arbeitslosengeld I wird gewährt bei unverschuldeter Arbeitslosigkeit, ohne dass eine Wartezeit erfüllt sein muss.
- ☐ **f)** Arbeitslosengeld II wird immer gewährt, wenn kein Anspruch mehr aus Arbeitslosengeld I besteht.

24 **Wer finanziert den „Mehraufwand“ der Rentenversicherungsträger, wenn die Beiträge der Versicherten und der Arbeitgeber nicht ausreichen?**

- ◯ **a)** Können die Renten nicht finanziert werden, dann wird auf „Nettobezogenheit“ umgestellt und die Renten gekürzt.
- ◯ **b)** Die Deutsche Rentenversicherung Bund in Berlin
- ◯ **c)** Die Bundesländer zusammen mit dem Bund
- ◯ **d)** Der Bund allein, denn er hat die Renten garantiert
- ◯ **d)** Die Berufsgenossenschaften sind zur Zahlung verpflichtet, weil nur die wirtschaftlich stärkeren Arbeitgeber belastet werden sollen.

25 **Welche der folgenden Angaben über die gesetzliche Rentenversicherung sind richtig (zwei richtige Antworten)?**

- ◯ **a)** Witwenrente erhält die Witwe ohne Rücksicht auf Alter und Erwerbsfähigkeit; Voraussetzung ist Bedürftigkeit.
- ◯ **b)** Witwenrente erhält der Witwer ohne Rücksicht auf Alter, Erwerbsfähigkeit oder Bedürftigkeit.
- ◯ **c)** Die gesetzliche Rentenversichrung gewährt Waisenrente nur, wenn Bedürftigkeit nachgewiesen wird.
- ◯ **d)** Die gesetzliche Rentenversicherung gewährt Waisenrente ohne Rücksicht auf Bedürftigkeit.
- ◯ **e)** Männern ab dem 60. Lebensjahr wird ein flexibles Altersruhegeld gewährt.

26 **Wer zahlt das Kindergeld aus?**

- ◯ **a)** Kindergarten
- ◯ **b)** Sozialamt
- ◯ **c)** Bundesagentur für Arbeit oder Familienkasse
- ◯ **d)** Krankenkasse
- ◯ **e)** Deutsche Rentenversicherung Bund

27 **Welche Aussage über die gesetzliche Unfallversicherung ist richtig?**

- ◯ **a)** Unfälle auf dem unmittelbaren Weg von und zur Arbeitsstätte fallen nicht in den Bereich der Unfallversicherung.
- ◯ **b)** Beiträge werden vom Arbeitgeber an die Berufsgenossenschaft gezahlt.
- ◯ **c)** Beiträge werden vom Arbeitgeber an die Bundesagentur für Arbeit gezahlt.
- ◯ **d)** Bei Streitigkeiten wegen eines Rentenanspruchs sind die Arbeitsgerichte zuständig.
- ◯ **e)** Um Unfallrente zu erhalten, ist eine Mindestwartezeit erforderlich.

28 **Das Bruttoeinkommen eines Angestellten liegt 300 Euro über der Beitragsbemessungsgrenze in der Krankenversicherung (Beitragssatz 15,5 %).**

Welche Aussagen treffen zu (zwei Antworten sind möglich)?

- ☐ **a)** Dem Angestellten werden 15,5 % des Bruttoeinkommens als Krankenkassenbeitrag vom Gehalt abgezogen.
- ☐ **b)** Der Krankenkassenbeitrag (Arbeitgeber- + Arbeitnehmeranteil) beträgt 15,5 % der Beitragsbemessungsgrenze.
- ☐ **c)** Der Krankenkassenbeitrag (Arbeitgeber- + Arbeitnehmeranteil) beträgt 15,5 % des Bruttoeinkommens.
- ☐ **d)** 15,5 % von 300 Euro hat der Angestellte selbst an die Krankenkasse abzuführen.
- ☐ **e)** Der Angestellte ist nicht versicherungspflichtig in der gesetzlichen Krankenkasse.
- ☐ **f)** Der Angestellte ist in allen Zweigen der Sozialversicherung nicht versicherungspflichtig.

29 **Welcher Zweig der gesetzlichen Sozialversicherung entstand in Deutschland zuerst?**

- ☐ **a)** Rentenversicherung
- ☐ **b)** Arbeitslosenversicherung
- ☐ **c)** Unfallversicherung
- ☐ **d)** Krankenversicherung
- ☐ **e)** Pflegeversicherung

30 **Ordnen Sie die Träger der Sozialversicherung ihrer Leistung zu, indem Sie richtig zuordnen.**

Sozialversicherungsträger:

① Rentenversicherung
② Unfallversicherung
③ Krankenversicherung
④ Arbeitslosenversicherung

Leistungen:

- ☐ **a)** Mutterschaftshilfe
- ☐ **b)** Verletztenrente
- ☐ **c)** Erwerbsminderungsrente
- ☐ **d)** Kurzarbeitergeld

31 **Wonach richtet sich die Höhe des Beitrags zur gesetzlichen Krankenversicherung bei Pflichtversicherten?**

- ☐ **a)** Nach dem Bruttoeinkommen
- ☐ **b)** Nach der Anzahl der Familienangehörigen
- ☐ **c)** Nach der Häufigkeit der jährlichen Krankheitstage
- ☐ **d)** Nach dem Umfang der gewünschten Leistungen
- ☐ **e)** Nach der Beschäftigungsdauer

32 **Welcher Zweig der Sozialversicherung wurde zuletzt gesetzlich geregelt?**

- ▢ **a)** Unfallversicherung
- ▢ **b)** Arbeitslosenversicherung
- ▢ **c)** Rentenversicherung
- ▢ **d)** Krankenversicherung
- ▢ **e)** Pflegeversicherung

33 **Wofür wurde hauptsächlich der Sozialversicherungsausweis eingeführt?**

- ▢ **a)** Die Beschäftigung in einem EU-Land zu erleichtern
- ▢ **b)** Alle Beschäftigten lückenlos erfassen und überwachen
- ▢ **c)** Sammeln von personenbezogenen Daten, um diese mit dem Finanzamt abzugleichen
- ▢ **d)** Verhinderung der von den Arbeitgebern nicht genehmigten Nebentätigkeiten der Arbeitnehmer
- ▢ **e)** Aufdeckung von illegalen Beschäftigungsverhältnissen und von Leistungsmissbrauch

34 **Was wird in der gesetzlichen Krankenversicherung als „Familienversicherung" bezeichnet?**

- ▢ **a)** Die Zusammenfassung aller Familienmitglieder in einer Krankenkasse
- ▢ **b)** Die Versicherung aller Familienmitglieder zum ermäßigten Beitragssatz
- ▢ **c)** Die beitragsfreie Mitversicherung von bestimmten Angehörigen des Mitglieds der Krankenkasse
- ▢ **d)** Die Möglichkeit, bestimmte Familienmitglieder zum halben Beitragssatz mitversichern zu lassen
- ▢ **e)** Die Möglichkeit, Kinder aus der gesetzlichen in die private Krankenversicherung anzumelden

35 **Wer zahlt in die gesetzliche Krankenversicherung ein? (Stand: 01.01.2011)**

- ▢ **a)** Vor allem der Staat
- ▢ **b)** Von den 15,5 % Beitragsatz zahlt der Arbeitnehmer 8,3 %, der Arbeitgeber 7,2 % und der Staat einen bestimmten Zuschuss aus Steuermitteln.
- ▢ **c)** Zu 50 % durch den Staat und zu 50 % durch die Beiträge der Versicherten
- ▢ **d)** zu 50 % von Arbeitgeber und 50 % Arbeitnehmer
- ▢ **e)** zu 95 % durch Arbeitgeber und Arbeitnehmer, die diesen Betrag zu gleichen Teilen aufbringen

36 **Welche Kosten machen den größten Anteil an den Krankenversicherungsausgaben aus?**

- ◯ **a)** Kosten für Zahnersatz
- ◯ **b)** Kosten für ärztliche Behandlung
- ◯ **c)** Kosten für Krankenhausbehandlung
- ◯ **d)** Kosten für Arzneimittel
- ◯ **e)** Kosten für Krankengeld

37 **Welche der genannten Versicherungen gehört nicht zur gesetzlichen Sozialversicherung?**

- ◯ **a)** Arbeitslosenversicherung
- ◯ **b)** Krankenversicherung
- ◯ **c)** Lebensversicherung
- ◯ **d)** Unfallversicherung
- ◯ **e)** Pflegeversicherung

38 **Ein Mitglied einer gesetzlichen Krankenkasse wird arbeitslos. Welche Aussage trifft zu?**

- ◯ **a)** Mit Beginn der Arbeitslosigkeit erlischt die gesetzliche Krankenversicherung.
- ◯ **b)** Mit Beginn der Arbeitslosigkeit wird der Arbeitslose automatisch Mitglied der AOK.
- ◯ **c)** Der Arbeitslose bleibt Mitglied seiner Krankenkasse; er muss jedoch den halben Beitrag selbst bezahlen.
- ◯ **d)** Der ehemalige Arbeitgeber muss den Beitrag zur Krankenversicherung drei Wochen lang weiter bezahlen.
- ◯ **e)** Die Bundesagentur für Arbeit zahlt die Beiträge weiter, wobei der Arbeitslose Mitglied seiner Kasse bleibt.

39 **Eine Auszubildende/ein Auszubildender brechen sich beim Handballspielen in der Freizeit das Handgelenk. Wer übernimmt die Krankheitskosten?**

- ◯ **a)** Die gesetzliche Unfallversicherung
- ◯ **b)** Die Berufsgenossenschaft
- ◯ **c)** Die Haftpflichtversicherung
- ◯ **d)** Der/die Auszubildende selbst
- ◯ **e)** Die gesetzliche Krankenkasse

40 **Welche der folgenden Aufgaben ist die wichtigste für die Berufsgenossenschaft?**

- ▢ **a)** Die Erhebung von Bußgeldern bei Verstößen gegen die Unfallverhütungsvorschriften
- ▢ **b)** Die Erforschung der Ursachen von Unfällen im häuslichen Bereich
- ▢ **c)** Die Verhütung von Arbeitsunfällen
- ▢ **d)** Die Erstellung und Veröffentlichung einer jährlichen Unfallstatistik
- ▢ **e)** Die Schlichtung von Streitigkeiten zwischen Arbeitgebern und Arbeitnehmern nach Arbeitsunfällen

II.1 Ungebundene Aufgaben

1 Auch die (Alters-) Rente wird häufig diskutiert.

a) Erklären Sie den Begriff Generationenvertrag und unter welchen Bedingungen er nur funktioniert.

b) Im Jahr 1960 zahlten 15 Arbeitnehmer Beiträge für 3 Rentner, im Jahr 2000 „versorgten" 7 Beitragszahler 3 Rentner. Im Jahr 2040 – dann sind Sie um 50 Jahre alt! – werden etwa 4 Beitragszahler für 3 Rentner aufkommen müssen. Machen Sie Vorschläge, wie das Rentensystem so verändert werden kann, dass noch Rente auch für Sie gezahlt werden kann.

2 Privatversicherungen

a) Teilen Sie die (mindestens je 3) Privatversicherungen in die Kategorien Sach-, Vermögens- und Personenversicherung ein.

b) Unterscheiden Sie mit Hilfe dreier Merkmale Privat- und Sozialversicherungen.

3 Welche Policen (Versicherungsverträge) in bestimmten Lebensphasen infrage kommen oder: Welche Versicherungen Sie unbedingt benötigen!

Policen:	***Lebensphase:*** **Single**	**Kinderlose Paare**	**Familien**
Privathaftpflicht			
Private Unfallvers.			
Berufsunfähigkeit			
Risikolebensvers.			
Kapitallebensvers.			
Privatrente			
Hausrat			

4 Nennen Sie die Leistungen der gesetzlichen Pflegeversicherung **und** prüfen Sie, weshalb die Politik regelmäßig nach Reformen bei der Pflegeversicherung „ruft".

5 Ein weiteres Zukunftsproblem für Politik und Gesellschaft ist die Arbeitslosenversicherung; Stichwort „Hartz IV".

a) Erklären Sie, welche Leistungen heute ein Arbeitnehmer, der länger arbeitslos ist, von der Agentur für Arbeit in Anspruch nehmen kann.

b) Nennen Sie zwei Gründe, weshalb so häufig über Hartz IV diskutiert und dabei die Frage der Gerechtigkeit gestellt wird.

6 Zur gesetzlichen Krankenversicherung.

a) In den letzten Jahren mussten die gesetzlichen Krankenkassen häufig die Beiträge erhöhen. Beschreiben Sie zwei Ursachen.

b) Erklären Sie den seit 1. Januar 2009 geltenden „Gesundheitsfonds".

7 Das Solidaritätsprinzip ist ein Grundpfeiler unseres Sozialsystems. Erläutern Sie den Begriff Solidaritätsprinzip.

8 Begründen Sie anhand eines Arguments den Zweck der gesetzlichen Sozialversicherung.

II.2 Gebundene Aufgaben

1 Welche Aussage über das Sparkonto ist richtig?

- ☐ a) Das Sparkonto ist Voraussetzung zur Teilnehme am bargeldlosen Zahlungsverkehr.
- ☐ b) Sparkonten dienen im Allgemeinen der längerfristigen Geldanlage.
- ☐ c) Sparkonten können jederzeit überzogen werden.
- ☐ d) Über Sparguthaben kann jederzeit ohne Vorlage des Sparbuches verfügt werden.
- ☐ e) Auf Wunsch des Sparers kann auch mittels Scheck über ein Sparguthaben verfügt werden.

2 Welche der folgenden Möglichkeiten ist für Sie am wirtschaftlichsten?

- ☐ a) Es ist immer günstiger, sich die Kontoauszüge schicken zu lassen als diese selbst beim Kreditinstitut abzuholen.
- ☐ b) Auflösung von Daueraufträgen, um die Überweisungen wieder selbst auszuführen.
- ☐ c) Abbuchungen, wie z.B. Versicherungsbeiträge, werden am günstigsten monatlich statt einmal im Jahr vorgenommen.
- ☐ d) Benutzung der Geldautomaten fremder Kreditinstitute
- ☐ e) Längere Zeit nicht benötigtes Geld vom Girokonto abheben und auf ein Sparbuch oder Tagesgeldkonto übertragen.

3 Welches Merkmal trifft auf die Anlageform „Sparbrief" zu?

- ☐ a) Sparbriefe werden an der Börse gehandelt.
- ☐ b) Kursgewinne und -verluste sind möglich.
- ☐ c) Die Mindesteinlage beträgt 5.000,– Euro.
- ☐ d) Der Zinssatz für Sparbriefe ist niedriger als der für Spareinlagen mit gesetzlicher Kündigungsfrist.
- ☐ e) Sparbriefe haben einen festen Zinssatz, der nach der Laufzeit gestaffelt ist.

4 Ordnen Sie die Kennziffern der Begriffe den Erläuterungen zu.

Begriffe:

① Konsumverzicht
② Tilgung
③ Aktie
④ Zuteilung
⑤ Anleihe/Bundesschatzbrief

Erläuterungen:

- ☐ a) Auszahlung der Bausparsumme eines Bausparvertrages
- ☐ b) Gläubigerpapier (festverzinsliches Wertpapier)
- ☐ c) Rückzahlung eines Kredits
- ☐ d) Einen Teil seines Geldes nicht verbrauchen, um später darüber verfügen zu können
- ☐ e) Urkunde über die Beteiligung an einer Aktiengesellschaft

5 **Eine Auszubildende kauft Büromaterial. Nachdem sie bar gezahlt hat, möchte sie über den Betrag eine Quittung. Kann der Verkäufer die Ausstellung der Quittung verweigern?**

- ▢ **a)** Nein, der Verkäufer ist verpflichtet, eine Quittung auszustellen.
- ▢ **b)** Ja, der Verkäufer ist nicht verpflichtet, für geringe Beträge eine Quittung auszustellen.
- ▢ **c)** Ja, die Arzthelferin könnte den Betrag ja auch überweisen, dann hat sie eine Quittung.
- ▢ **d)** Ja, die Arzthelferin kann einen „Eigenbeleg" schreiben.
- ▢ **e)** Ja, da nur der Inhaber des Geschäfts Quittungen ausstellen darf.

6 **Welche Aussage über das Aktiensparen ist richtig?**

- ▢ **a)** Das Aktiensparen ist mit einem geringen Risiko verbunden.
- ▢ **b)** Mit dem Kauf von Aktien beteiligt sich der Käufer an einem Unternehmen.
- ▢ **c)** Der Aktionär haftet mit seinem Privatvermögen für die Schulden der Aktiengesellschaft (AG).
- ▢ **d)** Der Kurs einer Aktie kann nie den Nennwert unterschreiten.
- ▢ **e)** Der Aktiensparer/Aktionär erhält jährlich eine garantierte Dividende.

7 **Welche Aussage zu Vermögenswirksamen Leistungen (VL) ist richtig?**

- ▢ **a)** Jeder Arbeitgeber ist zur Zahlung des Arbeitgeberbeitrags zu VL verpflichtet.
- ▢ **b)** Der Staat versucht durch eine Sparzulage oder eine Wohnungsbauprämie alle Bürger zum Reichtum zu verhelfen.
- ▢ **c)** Der Staat versucht durch eine Sparzulage oder eine Wohnungsbauprämie den arbeitenden Bürgern die Chance auf Vermögensbildung zu geben.
- ▢ **d)** Die Zahlung des Arbeitgeberbeitrags zur VL erhöht den Auszahlungsbetrag der/des Arbeitnehmers.
- ▢ **e)** Die Zahlung des Arbeitgeberbeitrags zur VL hat keine Folgen für die Abzüge der Sozialversicherungsbeiträge.

8 **Bei welcher Geldanlage werden dem Anleger möglicherweise täglich wechselnde Zinsen gutgeschrieben?**

- ▢ **a)** Sparbuch
- ▢ **b)** Aktien
- ▢ **c)** Tagesgeldkonto
- ▢ **d)** Sparbrief
- ▢ **e)** Investmentfonds

9 Welche Aussage zum Girokonto ist richtig?

- ☐ **a)** Das Girokonto sichert hohe Zinsen.
- ☐ **b)** Das Girokonto gewährt nie Zinsen.
- ☐ **c)** Das Girokonto kostet keine Gebühren.
- ☐ **d)** Das Girokonot sichert Überweisungen, Einzahlungen und Lastschriftabbuchungen.
- ☐ **e)** Das Girokonto gibt immer das Recht auf eine Kreditkarte.

10 Welche Aussage über das Sparbuch ist richtig?

- ☐ **a)** Die Geldanlage ist risikoreich, aber hohe Zinsen lassen sich erzielen.
- ☐ **b)** Eine EC-Karte wird erst ab 2.000 Euro ausgestellt.
- ☐ **c)** Der Zinssatz liegt über der Inflationsrate.
- ☐ **d)** Überweisungen sind jederzeit möglich.
- ☐ **e)** Monatlich können maximal 2.000 Euro abgehoben werden.

11 Was bedeutet ein Freistellungsauftrag?

- ☐ **a)** Ist ein Begriff aus den Vermögenswirksamen Leistungen.
- ☐ **b)** Wird dem Kreditinstitut erteilt, um den Sparerfreibetrag in Anspruch nehmen zu können.
- ☐ **c)** Ist ein Freibetrag um weniger Einkommenssteuer zu zahlen.
- ☐ **d)** Wird dem Finanzamt erteilt, um weniger Steuern zu zahlen.
- ☐ **e)** Ist eine Freistellung für Auszubildende, keine Sozialversicherungsabgaben zahlen zu müssen.

12 Welche Antwort trifft auf das Vermögensbildungsgesetz zu?

- ☐ **a)** Vermögenswirksame Leistungen (VL) des Arbeitgebers werden nicht besteuert.
- ☐ **b)** Vermögenswirksame Leistungen sind tarifvertraglich oder im Ausbildungs-/Arbeitsvertrag vereinbart.
- ☐ **c)** Vermögenswirksame Leistungen und sich daraus ergebende Ansprüche sind auf den Ehepartner übertragbar.
- ☐ **d)** Der Arbeitgeber muss für die Vermögenswirksamen Leistungen monatlich mindestens 20 Euro auf das Anlagekonto überweisen.
- ☐ **e)** Vermögenswirksame Leistungen gelten für alle Arbeitnehmer, unabhängig vom Einkommen.

II.2 Ungebundene Aufgaben

1 „Wer spart, denkt an sich und hilft Anderen".
Erklären Sie diese Aussage des ersten Bundespräsidenten der Bundesrepubil Deutschland Theodor Heuss. Beziehen Sie in Ihre Ausführungen auch die Begriffe Investitionen, Arbeitsplätze und Einkommen ein.

2 Beschreiben Sie die wesentlichen Gründe für Sparen und unterscheiden Sie Sparbuch, Lebensversicherung und Bausparen.

3 Geldanlagemotive und Anlageformen:
Ordnen Sie die jeweiligen Merkmale den Anlageformen zu. Diskutieren Sie danach die Ergebnisse in Ihrer Gruppe.
a) Rentabilität: Wie hoch ist der mögliche Wertzuwachs?
b) Sicherheit: Wie hoch ist das Risiko, Geld zu verlieren)
c) Verfügbarkeit (Liquidität): Wie leicht lässt sich die Geldanlage in Bargeld umwandeln?

	Bewertung	Rentabilität	Sicherheit	Verfügbarkeit
Sparbuch	Sehr hoch Hoch Mittel Niedrig			
Sparbrief	Sehr hoch Hoch Mittel Niedrig			
Bundesanleihen Bundesschatzbriefe	Sehr hoch Hoch Mittel Niedrig			
Aktien	Sehr hoch Hoch Mittel Niedrig			
Aktienfonds	Sehr hoch Hoch Mittel Niedrig			

II.2 Diskussion

1

Die Situation: Geldanlage und Vermögensbildung

Eine Überraschung ist es für Karin Meier nicht, als sie die Nachricht erhält, dass ihr Onkel nach längerer Krankheit verstorben ist.

Was sie erstaunt, ist die Tatsache, dass sie ein kleines Vermögen geerbt hat. 86.000 € beträgt die Summe, die sie erhalten soll. „Mit dem Geldsegen hat sich Fortuna aber diesmal die Richtigen ausgesucht", so Karin zu ihrem Mann Frank.

Und dann wurde geplant: Neues Auto, Möbel für das Kinderzimmer und eine Urlaubsreise nach Spanien stehen ganz oben auf der Wunschliste. „Und was machen wir mit dem Rest? Den packen wir auf unser Sparbuch, so der Vorschlag ihres Mannes, und er ergänzt, „da besteht kein Risiko und wenn wir mal was brauchen, kommen wir recht schnell ran an das Geld". „Aber mit den Zinsen sieht es doch ganz mau aus", so seine Frau Karin, „da können wir doch gleich das Geld unters Kopfkissen legen", ist ihr nicht ganz ernst gemeinter Einwand. „Da fällt mir ein", erwidert Frank und wird ganz nachdenklich, „vielleicht sollte man schon was für unsere spätere Altersversorgung tun. Denn was man so hört, soll es mit den späteren Zahlungen aus der gesetzlichen Rentenversicherung ja ziemlich mies bestellt sein".

Für beide ist nun klar: Sie müssen sich beraten lassen.

Aufgaben:

1. Welche Möglichkeiten der Geldanlage zur Vermögensbildung gibt es?
2. Welche Geldanlagen eignen sich besonders für die spätere Altersvorsorge?

II.3 Gebundene Aufgaben

1 Welche Ausgaben werden beim Lohnsteuerjahresausgleich (Einkommensteuererklärung) als Werbungskosten anerkannt?

- ▢ **a)** Spenden
- ▢ **b)** Aufwendungen für Berufskleidung
- ▢ **c)** Vereinsbeiträge
- ▢ **d)** Sozialversicherungsbeiträge
- ▢ **e)** Bausparbeiträge

2 Für welchen Personenkreis wird in die Lohnsteuerkarte ohne Antrag die Steuerklasse IV eingetragen?

- ▢ **a)** Für Ehepartener, die beide Arbeitslohn beziehen
- ▢ **b)** Für Steuerpflichtige, deren Ehepartner keinen Arbeitslohn erhält
- ▢ **c)** Für Steuerpflichtige mit einem zweiten Arbeitsverhältnis
- ▢ **d)** Für Ledige, Geschiedene und Verwitwete
- ▢ **e)** Für Ledige mit Kind

3 In welchem Fall handelt es sich um Einkünfte aus nichtselbständiger Arbeit?

- ▢ **a)** Ein Arzt erhält ein Privathonorar.
- ▢ **b)** Ein Arbeiter erhält von seiner Bank eine Zinsgutschrift.
- ▢ **c)** Eine Angestellte erhält das im Tarifvertrag festgelegte Gehalt.
- ▢ **d)** Ein Aktionär erhält von einer Aktiengesellschaft Dividende (Zinsen auf Aktienkapital).
- ▢ **e)** Ein Hausbesitzer erhält vom Arzt die Praxismiete.

4 Welche Aussage zur Grundsteuer ist richtig.

- ▢ **a)** Die Grundsteuer ist eine Bundessteuer.
- ▢ **b)** Die Grundsteuer ist eine Landessteuer.
- ▢ **c)** Die Grundsteuer ist eine Gemeinschaftssteuer.
- ▢ **d)** Die Grundsteuer ist eine indirekte Steuer.
- ▢ **e)** Die Grundsteuer ist unter den Einnahmen im Haushaltsplan einer Gemeinde zu finden.

5 Eine Angestellte, evangelisch, Lohnsteuerklasse I, erhält ihre Lohnabrechnung. Welcher Betrag gehört nicht in die Gehaltsabrechnung?

- ▢ **a)** Lohnsteuer
- ▢ **b)** Beitrag zur gesetzlichen Krankenkasse
- ▢ **c)** Beitrag zur gesetzlichen Unfallversicherung
- ▢ **d)** Kirchensteuer
- ▢ **e)** Gehaltsvorschuss

6 **Ein Auszubildender reicht beim Finanzamt einen Antrag auf Lohnsteuerjahresausgleich ein. Welche der folgenden von ihm geltend gemachten Aufwendungen werden vom Finanzamt nicht berücksichtigt?**

- ▢ **a)** Fortbildungskosten für einen Fortbildungslehrgang
- ▢ **b)** Versicherungsbeiträge für ihre Hausratversicherung
- ▢ **c)** Parteispenden
- ▢ **d)** Kirchensteuer
- ▢ **e)** Beiträge zu einer Krankenhaustagegeldversicherung

7 **In welcher Steuerklasse wird eine ledige Auszubildende eingeordnet?**

- ▢ **a)** Steuerklasse I
- ▢ **b)** Steuerklasse II
- ▢ **c)** Steuerklasse III
- ▢ **d)** Steuerklasse IV
- ▢ **e)** Steuerklasse V
- ▢ **f)** Steuerklasse VI

8 **Bei welcher Steuer erhöht sich der Steuerbetrag bei jeder Preissteigerung?**

- ▢ **a)** Bei der Einkommensteuer
- ▢ **b)** Bei der Lohnsteuer
- ▢ **c)** Bei der Grundsteuer
- ▢ **d)** Bei der Mineralölsteuer
- ▢ **e)** Bei der Mehrwertsteuer

9 **Welcher Steuerart ist die Mehrwertsteuer (Umsatzsteuer) zuzuordnen?**

- ▢ **a)** Besitzsteuern
- ▢ **b)** Gemeindesteuern
- ▢ **c)** Verkehrssteuern
- ▢ **d)** Sachsteuern
- ▢ **e)** Einkommensteuer

10 **Ordnen Sie die Beispiele den Einkünften zu**

Einkünfte:

① Aus selbstständiger Arbeit
② Aus Kapitalvermögen
③ Aus nichtselbständiger Arbeit
④ Aus Gewerbebetrieb

Beispiele:

- ▢ **a)** Gehalt einer Auszubildenden
- ▢ **b)** Einkommen aus Apothekenbetrieb
- ▢ **c)** Einkommen aus Praxisbetrieb eines Arztes
- ▢ **d)** Zinsen aus Sparguthaben

11 **Welche Behörde trägt einen Freibetrag auf der Lohnsteuerkarte ein?**

- ▢ **a)** Das Amtsgericht am Wohnort des Arbeitnehmers
- ▢ **b)** Die für den Arbeitsort zuständige Gemeindebehörde
- ▢ **c)** Das für den Arbeitnehmer zuständige Finanzamt
- ▢ **d)** Die für den Arbeitnehmer zuständige Gemeindebehörde
- ▢ **e)** Das für den Arbeitsort zuständige Finanzamt

12 **Bei welcher Steuerart werden bei der Steuererhebung die persönlichen Verhältnisse des Steuerpflichtigen berücksichtigt?**

- ▢ **a)** Hundesteuer
- ▢ **b)** Einkommensteuer
- ▢ **c)** Mehrwertsteuer
- ▢ **d)** Grundsteuer
- ▢ **e)** Mineralölsteuer

13 **Welcher Personenkreis wird in Steuerklasse V eingestuft?**

- ▢ **a)** Verheiratete Arbeitnehmer, wobei ein Ehegatte der Steuerklasse III zugeordnet ist
- ▢ **b)** Verheiratete Arbeitnehmer, wobei ein Ehegatte der Steuerklasse IV zugeordnet ist
- ▢ **c)** Ledige Arbeitnehmer ohne unterhaltspflichtige Kinder
- ▢ **d)** Ledige Arbeitnehmer mit unterhaltspflichtigen Kindern
- ▢ **e)** Ledige Arbeitnehmer, die Einkünfte aus mehreren Dienstverhältnissen zu versteuern haben

14 **Was gehört zu den Werbungskosten beim Lohnsteuerjahresausgleich?**

- ▢ **a)** Beiträge zu Berufsverbänden/Gewerkschaft
- ▢ **b)** Kirchensteuer
- ▢ **c)** Spende für die Dritte Welt
- ▢ **d)** Beiträge zur Krankenversicherung
- ▢ **e)** Beiträge für eine Lebensversicherung

15 **Welche Aussage zu den Steuern in Deutschland ist richtig?**

- ▢ **a)** Die Sektsteuer erbringt das höchste Steueraufkommen.
- ▢ **b)** Steuern sind die einzigen Einnahmen des Staates.
- ▢ **c)** Steuern sind zweckgebundene Einnahmen des Staates.
- ▢ **d)** Die Verteilung der Steuern in Form von Staatsausgaben wird durch gesetzgebene Organe (Bundestag/Landtage) entschieden.
- ▢ **e)** Die meisten Steuergelder werden für den Bereich Bildung ausgegeben

16 **Sie müssen sich einen neuen Personalausweis ausstellen lassen. Wie nennt man die Zahlung, die Sie hierfür an die Gemeinde leisten müssen?**

- ▢ **a)** Gemeindesteuer
- ▢ **b)** Gebühr
- ▢ **c)** Beitrag
- ▢ **d)** Direkte Steuer
- ▢ **e)** Gemeinschaftssteuer

17 **Was sind „direkte" Steuern?**

- ▢ **a)** Sie gehen meist in die Preise mit ein, wie z.B. die Mehrwertsteuer.
- ▢ **b)** Sie sind unmerklich für den Endverbraucher, wie z.B. die Verbrauchssteuer.
- ▢ **c)** Sie werden unmittelbar beim Steuerträger erhoben, wie z.B. die Einkommenssteuer, die der Arbeitgeber an das Finanzamt abführt.
- ▢ **d)** Direkte Steuern sind Steuern, die den Gemeinden zustehen.
- ▢ **e)** Sie werden vom Arbeitgeber dem Arbeitnehmer ausgezahlt; dieser muss den Betrag dann an das Finanzamt weiterleiten.

18 **Verheiratete haben die Wahl zwischen mehreren Steuerklassenkombinationen. Welche Kombinationen sind bei einer verheirateten Angestellten und ihrem berufstätigen Mann möglich (zwei richtige Antworten)?**

- ▢ **a)** Angestellte Kl. I, wenn der Ehemann in Kl. III ist
- ▢ **b)** Angestellte Kl. II, wenn der Ehemann in Kl. IV ist
- ▢ **c)** Angestellte Kl. VI, wenn der Ehemann in Kl. IV ist
- ▢ **d)** Angestellte Kl. IV, wenn der Ehemann in Kl. IV
- ▢ **e)** Angestellte Kl. V, wenn der Ehemann in Kl. III ist

19 **Die Auszubildende Sabine Mayer ist aus der Kirche ausgetreten. Welche Behörden können die Lohnsteuerkarte ändern (zwei richtige Antworten)?**

- ▢ **a)** Die Arbeitsverwaltung
- ▢ **b)** Die Gemeindeverwaltung
- ▢ **c)** Das Finanzamt
- ▢ **d)** Das Amtsgericht
- ▢ **e)** Das Pfarramt

20 **Welche der nachfolgend aufgeführten Faktoren haben Einfluss auf die Höhe der Lohnsteuer (zwei richtige Antworten)?**

- ▢ **a)** Anzahl der Kinder
- ▢ **b)** Zugehörigkeit zu einer Religionsgemeinschaft
- ▢ **c)** Wohnen in einer Großstadt
- ▢ **d)** Familienstand
- ▢ **e)** Beamtenstatus

21 **Welche Aussage zur Kirchensteuer ist richtig?**

- ▢ **a)** Die Kirchensteuer wird prozentual von der Lohnsteuer berechnet.
- ▢ **b)** Die Kirchensteuer ist von der Einkommenshöhe unabhängig.
- ▢ **c)** Die Kirchensteuer ist eine Gemeindesteuer.
- ▢ **d)** Die Kirchensteuer zählt zu den Werbungskosten.
- ▢ **e)** Die Kirchensteuer kann als Außergewöhnliche Belastung geltend gemacht werden.

22 **Unter welcher Bezeichnung können Aufwendungen für eine schwer pflegebedürftige Person, die von einem Steuerpflichtigen in seinem Haushalt persönlich gepflegt wird, im Lohnsteuerjahresausgleich Steuer mindernd gemacht werden?**

- ▢ **a)** Grundfreibetrag
- ▢ **b)** Vorsorgeaufwendung
- ▢ **c)** Werbungskosten
- ▢ **d)** Sonderausgabe
- ▢ **e)** Außergewöhnliche Belastung

23 **Ein Auszubildender, der sich ein Fachbuch kauft, kann diese Ausgabe „von der Steuer absetzen“. Unter welcher Abzugsart wird diese Ausgabe beim Antrag auf Einkommensteuerveranlagung (früher Lohnsteuerjahresausgleich) eingetragen?**

- ▢ **a)** Werbungskosten
- ▢ **b)** Sonderausgaben – Vorsorgeaufwendungen
- ▢ **c)** Sonderausgaben – übrige Sonderausgabenn
- ▢ **d)** Außergewöhnliche Belastungen
- ▢ **e)** Freibeträge

24 **Was verstehen Sie unter dem Begriff „Steuerprogression“?**

- ▢ **a)** Gleichbleibender Steuersatz bei allen Einkommenshöhen
- ▢ **b)** Zunächst steigender, dann fallender Steuersatz
- ▢ **c)** Zunächst fallender, dann steigender Steuersatz
- ▢ **d)** Fallender Steuersatz bei steigendem Einkommen
- ▢ **e)** Ansteigender Steuersatz bei steigendem Einkommen

25 **Ein Bauhandwerker zieht nach Stuttgart um, um dort eine neue Stelle anzutreten. Unter welcher Abzugsart können die anfallenden Umzugskosten bei der Einkommensteuererklärung angesetzt werden?**

- ▢ **a)** Werbungskosten
- ▢ **b)** Sonderausgaben – beschränkt abzugsfähig
- ▢ **c)** Sonderausgaben – voll abzugsfähig
- ▢ **d)** Außergewöhnliche Belastungen
- ▢ **e)** Freibeträge

26 **Welche Steuer gehört zu den indirekten Steuern (zwei richtige Antworten)?**

- ▢ **a)** Körperschaftssteuer
- ▢ **b)** Gewerbesteuer
- ▢ **c)** Mehrwertsteuer
- ▢ **d)** Einkommensteuer
- ▢ **e)** Tabaksteuer

27 **Das seit dem 1.1.2007 geltende Elterngeldgesetz erlaubt die Inanspruchnahme (zwei richtige Antworten)**

- ▢ **a)** für 2 Jahre
- ▢ **b)** für 3 Jahre
- ▢ **c)** für 1 Jahr
- ▢ **d)** für 16 Monate
- ▢ **e)** für 14 Monate
- ▢ **f)** für 18 Monate

28 **Sozialhilfe und Wohngeld zahlt**

- ▢ **a)** das Finanzamt
- ▢ **b)** die Agentur für Arbeit
- ▢ **c)** das Sozialamt der Gemeinde
- ▢ **d)** der jeweilige Landkreis
- ▢ **e)** das Gesundheitsamt

29 **Die Sozialhilfe zahlt für den Sozialhilfeempfänger (drei richtige Antworten)**

- ▢ **a)** die Rentenversicherungsbeiträge
- ▢ **b)** Hilfe zum Lebensunterhalt
- ▢ **c)** Umschulungen
- ▢ **d)** Hilfe zur Grundsicherung im Alter
- ▢ **e)** Kindergeld
- ▢ **f)** Hilfe zur Pflege

30 **Welches ist das vorrangige Ziel der Steuererhebung?**

- ▢ **a)** Förderung des Exportes
- ▢ **b)** Finanzierung der Ausgaben des Staates, der Städte und Gemeinden
- ▢ **c)** Beeinflussung der Konjunktur
- ▢ **d)** Stärkung des Konsums der Bürger
- ▢ **e)** Umverteilung von Einkommen und Vermögen in Deutschland

31 **Der Zeitlohn als Lohnform ist bestimmten Arbeitnehmergruppen vorbehalten.**

- ◯ **a)** Er ist von der Leistungsmenge abhängig.
- ◯ **b)** Er ist für Fliesenleger und Arbeitskräfte in der Fertigung typisch.
- ◯ **c)** Er wird bei Unterschreitung einer Ausschussquote in der Fertigung gezahlt.
- ◯ **d)** Er ist an den Unternehmensgewinn gekoppelt.
- ◯ **e)** Er wird als Ausbildungsvergütung, Gehalt oder Stundenlohn gezahlt.

32 **Der Zeitlohn wird als Entlohnungsform gewählt, wenn?**

- ◯ **a)** die erbrachte Leistung des Arbeitnehmers entscheidend ist.
- ◯ **b)** zum vereinbarten Grundlohn eine Prämie gezahlt wird.
- ◯ **c)** der Arbeitnehmer Aktien des Unternehmens erhält.
- ◯ **d)** die Qualität der Arbeit wichtig ist.
- ◯ **e)** betriebliche Verbesserungsvorschläge zu Prämien führen.

33 **Der Akkordlohn ist ein Leistungslohn mit dem dazu gehörigen Begriffspaar.**

- ◯ **a)** Akkordrichtsatz und Gewinnbeteiligung
- ◯ **b)** Akkordrichtsatz und Minutenfaktor
- ◯ **c)** Geldakkord und Prämienlohn
- ◯ **d)** Zeitakkord und Kapitalbeteiligung
- ◯ **e)** Akkordrichtsatz und Qualitätsprämie

34 **Was soll durch betriebliche Maßnahmen zur Humanisierung der Arbeit erreicht werden?**

- ◯ **a)** Abbau von Arbeitsplätzen
- ◯ **b)** Erhöhung des Gewinns des Unternehmens
- ◯ **c)** Senkung der Produktionskosten
- ◯ **d)** Verringerung der körperlichen und seelischen Belastungen des Arbeitnehmers
- ◯ **e)** Verringerung der Wochenarbeitszeit

35 **Für welche der folgenden Maßnahmen zahlt der Arbeitgeber keinen Lohnzuschlag?**

- ◯ **a)** Für Überstunden
- ◯ **b)** Für betriebliche Weiterbildungsmaßnahmen
- ◯ **c)** Für Nachtarbeit
- ◯ **d)** Für Sonntagsarbeit
- ◯ **e)** Für besondere Erschwernisse bei der Arbeit, wie z.B. Schmutzarbeit

II.3 Ungebundene Aufgaben

1 Legen Sie dar, für welche Positionen des jährlichen Haushaltes der Bund das meiste Geld ausgibt.

2 Unterscheiden Sie die Begriffe Steuern, Gebühren und Beiträge.

3 Erklären Sie den Begriff Gemeinschaftssteuern und geben Sie zwei Beispiele.

4 Zählen Sie die sieben Einkunftsarten auf.

5 Ordnen Sie den Steuerklassen die dazugehörigen Steuerzahler zu.

6 Erklären Sie an einem Beispiel die Handhabung der Umsatzsteuer/Mehrwertsteuer.

7 Unterscheiden Sie Transferleistungen des Staates an private Haushalte und Unternehmen.

8 Erklären Sie Inhalt und Träger der Begriffe Elterngeld/Kindergeld/Wohngeld.

9 Beschreiben Sie, welche Regelung für die Elternzeit gilt.

10 Unterscheiden Sie die Begriffe Zeit- und Leistungslohn.

11 Erklären Sie mit einem Beispiel die Lohnform Prämienlohn.

12 Nennen Sie Formen des Beteiligungslohns.

13 Diskussion:
Nehmen Sie Stellung zu dem Thema: Mehrwertsteuer-Erhöhung: Ja oder Nein? Begründen Sie Ihre Argumente.
a) Für den Staat
b) Für den Bürger/Steuerzahler

III.3 Diskussion

1

Die Situation: Einkommensteuererklärung (hier: Werbungskostenaufstellung)

Sie möchten eine Einkommensteuerklärung für das abgelaufene Jahr (z.B. 2010) abgeben. Folgende Sachverhalte sind für die Werbungskosten (= alle Aufwendungen = Ausgaben, die durch den Beruf, die Arbeit entstanden sind) zu berücksichtigen:

Hier als Beispiel ein Auszubildender, der bis Ende Juni lernt und dann als Ausgelernter im restlichen Jahr arbeitet! Belege müssen aufbewahrt und mit eingereicht werden.

a) Fahrtweg von Wohnung zur Arbeitsstätte (einfache Entfernung) 20 km und das 200 mal im Jahr; Fahrt zur Berufsschule im 3. Jahr: 30 mal mit je 10 km

b) Bewerbungskosten von insgesamt: 220 Euro

c) Fortbildungskosten von insgesamt: 320 Euro

d) Arbeitskleidung kaufen und reinigen: 160 Euro

e) Fachliteratur: 160 Euro

f) Beiträge zum Berufsverband bzw. Gewerkschaft: 90 Euro

g) Kontoführungsgebühren: 16 Euro pauschal

Aufgabe:

Erstellen Sie die Anlage zu den Werbungskosten (Anlage N).

II.1 Lösungen zu den gebundenen Aufgaben

Seite 40-42		Seite 42-44		Seite 44-46		Seite 46-49	
1	b	11	c	21	d	31	a
2	d	12	b	22	b	32	e
3	e	13	c	23	e	33	e
4	f	14	b	24	d	34	c
5	f	15	d	25	b-d	35	b
6	b	16	b	26	c	36	c
7	b	17	c	27	b	37	c
8	d	18	e	28	b-e	38	e
9	c	19	b	29	d	39	e
10	a	20	b	30	1c-2b-3a-4d	40	c

II.1 Lösungen zu den ungebundenen Aufgaben

Seite 50-51

1

a) Der **Generationenvertrag** ist eine nicht schriftlich festgelegte Regelung, die beinhaltet, dass die heutigen Rentner von den heutigen Arbeitnehmern durch deren Beiträge finanziert werden mit der Erwartung, dass die heutigen Arbeitnehmer auch von der nachfolgenden Generation im Alter entsprechend über die Rentenzahlungen unterstützt wird.

b) Vorschläge zur **Aufrechterhaltung des heutigen Rentensystems**:

- Aufgrund der demografischen Entwicklung (Menschen werden immer älter, es werden immer weniger Kinder geboren und damit stehen weniger Arbeitnehmer später zur Verfügung) sollte die reguläre Rentenzahlung ohne Abschläge erst mit 67 Jahren erfolgen.
- Die monatlichen Rentenzahlungen müssten gesenkt werden, um die Beitragszahler nicht immer mehr zu belasten
- Leichte Erhöhung der Beiträge zur Rentenversicherung und gleichzeitig ein höherer Zuschuss des Staates aus Steuermitteln für die Rentenversicherungskassen.

2 a) **Personenversicherungen:** Private Kranken-, Unfall- und Kapital und/oder Risikolebensversicherung

Sachversicherungen: Feuer-, Reisegepäck-, Hausrat- , Diebstahlversicherung, Kasko (Voll- oder Teilkasko)

Vermögensversicherungen: Haftpflichtversicherungen (Kfz-, Familien-, Berufshaftpflicht), Rechtsschutz

b) **Sozialversicherungen (= Pflichtversicherungen):** Gesetzlich Pflicht, Beginn automatisch mit Arbeitsaufnahme, Beiträge nach Einkommen, Leistungen sind gesetzlich geregelt; wer diese benötigt, erhält sie (Solidaritätsprinzip)

Private Versicherungen (= Individualversicherungen): Freiwillige Versicherungen, Beginn mit Vertragsabschluss, Beiträge nach Leistungsumfang, Leistungen nach Beiträgen und Vertragsinhalt (= Versicherungsprinzip)

3

Policen:	*Lebensphase:* Single	Kinderlose Paare	Familien
Privathaftpflicht	**Ja**	**Ja**	**Ja**
Private Unfallvers.	**Nein**	**Nein**	**Nein**
Berufsunfähigkeit	**Ja**	**Ja**	**Ja**
Risikolebensvers.	**Nein**	**Nein**	**Ja**
Kapitallebensvers.	**Nein**	**Nein**	**Nein**
Privatrente	**Ja**	**Ja**	**Ja**
Hausrat	**Je nach Wert**	**Je nach Wert**	**Ja**

4 **a)** Die **Pflegeversicherung** erbringt folgende Leistungen:
- Häusliche Pflege: Dazu gehören Sachleistungen, Pflegegeld für Pflegehelfer, Pflegehilfsmittel bis 1550 Euro Pflegegeld je nach Pflegestufe
- Teilstationäre Pflege und Kurzzeitpflege in einer Einrichtung
- Vollstätionäre Pflege: Dabei übernimmt die Pflegekasse die Aufwendungen bis zu einem bestimmten Betrag; maximal etwa 2.000 Euro.

b) Die Senioren werden in Deutschland immer mehr und sie werden immer älter; dies wird zu einer deutlich steigenden Beanspruchung der Pflegeversicherung – ambulant und stationär – führen. Die Kosten für diese Versicherung werden steigen: Wer bezahlt dies? Der Staat aus Steuermitteln? Die Beitragszahler durch höhere Beiträge? Die Pflegebedürftigen selbst? – Die Politik sucht Lösungen.

5 Stichwort Hartz IV

a) – Förderung der beruflichen Bildung, z.B. Umschulung, Fortbildung

– Förderung der Arbeitsaufnahme, z.B. Zuschüsse zu Bewerbungskosten, Umzugkostenbeihilfe

– Zahlung von Arbeitslosengeld 1:
Anspruch auf Arbeitslosengeld 1 hat jeder Versicherte, der arbeitslos ist, sich bei der Agentur für Arbeit arbeitslos gemeldet hat und die Anwartschaft erfüllt hat. Diese hat erfüllt, wer vorher mindestens 12 Monate in einem Versicherungspflichtverhältnis gestanden hat. Dann erhält der Arbeitslose 6 Monate Arbeitslosengeld I, bei mindestens 2 Jahre Beschäftigung vor der Arbeitslosigkeit wird für ein Jahr Arbeitslosengeld 1 bezahlt. Das Arbeitslosengeld 1 beträgt 67 % für Arbeitslose mit Kindern und 60 % für alle übrigen, bezogen auf den letzten Netto-Arbeitsverdienst. Arbeitnehmer über 55 Jahre können diese Leistung 18 Monate lang erhalten.

Anspruch auf Arbeitslosengeld 2 (Hartz IV) hat, wer nach Erhalt des Arbeitslosengeldes 1 weiter arbeitslos ist, weiterhin der Arbeitsvermittlung zur Verfügung steht und bedürftig ist. Bedürftigkeit liegt dann vor, wenn Einkommen oder Vermögen des Arbeitslosen oder Familienangehörigen für den Lebensunterhalt nicht ausreichen. Der Regelsatz von Arbeitslosengeld 2 beträgt 364 Euro (Stand: Januar 2011) für den Antragsteller; + Zuschläge für Ehegatten + Kinder; zusätzlich zahlt die Bundesagentur für Arbeit Zuschüsse für die Wohnung (Miete) + Beiträge zur Renten- und Krankenversicherung. Arbeitslosengeld 2 kann unbefristet gezahlt werden.

b) Viele Menschen/Arbeitnehmer halten es für falsch, ohne Gegenleistung Geld zu erhalten in einer Höhe, die viele Arbeitnehmer trotz harter Arbeit nicht erreichen.

Viele Menschen in Deutschland dagegen halten die Hartz-IV-Sätze für zu niedrig und damit für nicht menschenwürdig.

6 Gesetzliche Krankenversicherung

a) Geringere Einnahmen durch relativ hohe Arbeitslosigkeit; Explosion der Gesundheitskosten durch Neue Technologien, z.B. Dialyseprogramme, neue Röntgenverfahren; ständig steigende Ausgaben für Medikamente; die Menschen leben länger und verursachen im Alter höhere Kosten.

b) Seit 1. Januar 2009 gilt für Versicherte der gesetzlichen Krankenversicherung der Gesundheitsfonds. Jede Kasse verlangt seitdem einen einheitlichen Bei tragssatz. Dieser liegt seit 1. Juli 2009 bei 14,9 %. Von diesem Satz teilen sich Arbeitgeber und Arbeitnehmer 14 %, 0,9 % zahlen die Versicherten aus eigener Tasche (für Krankengeld und Zahnersatz!). Ab 1. Januar 2011 beträgt der Beitragssatz 15,5 %, wovon der Arbeitgeber 7,3 und der Arbeitnehmer 8,2% zahlen.

Den Beitragssatz hat der Gesetzgeber (Bundestag) festgelegt; den Beitrag an die jeweiligen Kassen regelt das Bundesversicherungsamt in Bonn: Dabei erhält jede Krankenkasse pro Versicherten eine pauschale Zuweisung aus dem Fonds. Zu- und Abschläge werden je nach Alter, Geschlecht und Krankheit der in einer Kasse Versicherten gezahlt.

7 Das Sozialversicherungssystem beruht auf dem **Solidaritätsprinzip**, d.h. alle Arbeitnehmer zahlen abhängig vom Bruttoeinkommen ein (Risikogemeinschaft), die jeweils Bedürftigen (Rentner, Kranke, Arbeitslose, Pflegebedürftigen) erhalten aus diesem „Topf" die Leistungen je nach Notwendigkeit. Um das System zu erhalten, ist jeder Arbeitnehmer pflichtversichert und die Ansprüche der Einzelnen werden aus dem Topf aller Versicherungsbeträge abgedeckt.

8 Der Einzelne kann sich nur unzureichend gegen Risiken wie z.B. Krankheit, Arbeitsunfall, Arbeitslosigkeit absichern. Er braucht die **Solidargemeinschaft**.

II.2 Lösungen zu den gebundenen Aufgaben

Seite 52-53	
1	b
2	e
3	e
4	1d-2c-3e-4a-5b
5	a
6	b

Seite 53-54	
7	c
8	c
9	d
10	e
11	b
12	b

II.2 Lösungen zu den ungebundenen Aufgaben

Seite 55

1 **Wer spart**, legt sein Geld gegen Zinsen bei „seiner" Bank oder Sparkasse an. Diese „verkauft" das Geld gegen Zinsen an Unternehmen, die investieren (Geschäft aufbauen, Betrieb neu gründen) und damit auch Arbeitsplätze schaffen. Diese Arbeitsplätze führen zu Einkommen der Arbeitnehmer, die davon konsumieren (Geld ausgeben) und auch sparen, so dass der Kreislauf wieder beginnt.

2 Die **Gründe für Sparen** sind sicher sehr individuell, andererseits möchte jeder Sparer seine Beträge vergrößern (Rentabilität), die Sicherheit der Geldanlage haben und, wenn nötig, auch über eine bestimmte Summe verfügen können, z.B. für die Urlaubsreise, die Anschaffung eines Pkw.

3

	Bewertung	Rentabilität	Sicherheit	Verfügbarkeit
Sparbuch	Sehr hoch		X	
	Hoch			X
	Mittel			
	Niedrig	X		
Sparbrief	Sehr hoch		X	
	Hoch			
	Mittel	X		X
	Niedrig			
Bundesanleihen Bundes-schatzbriefe	Sehr hoch		X	
	Hoch			
	Mittel	X		X
	Niedrig			
Aktien	Sehr hoch			
	Hoch	X		
	Mittel		X	X
	Niedrig			
Aktienfonds	Sehr hoch			
	Hoch	X		
	Mittel		X	X
	Niedrig			

Lösung zur Situation: Geldanlage und Vermögensbildung

1. Sparbuch – Sparbrief – Tagesgeldkonto bei Banken (ca. 2 % Verzinsung, keine Gebühren und jederzeit abrufbar) – Aktien – Aktienfonds – Bundesanleihen/Bundesschatzbriefe

2. Für die spätere Altervorsorge, um neben der gesetzlichen noch eine private Rente zu erhalten gibt es verschiedene Möglichkeiten:

   a) **Riesterrente**: Maximal 4 % des Bruttoeinkommens kann ein Arbeitnehmer in eine Versicherung oder einen Fonds einzahlen, wozu der Staat je nach Familienzahl Zuschüsse zahlt. Für einen Ledigen sind das 156 Euro pro Jahr. Mit 60 Jahren kann sich der Versicherte diese Rente als monatliche Leistung auszahlen lassen; diese Rente ist vom Staat garantiert. Auch verfällt im Todesfall die angesparte Summe nicht, sondern sie geht auf die Erben über.

   b) **Kapitalanlageprodukte**: Dazu zählen Kapitallebenssversicherungen (die Angehörigen erhalten beim Ableben des Versicherten festgelegte Beträge oder alternativ: Der Versicherte erhält nach Ablauf der Versicherung eine festgesetzte Summe + Zinsen + Überschussanteile ausgezahlt). Dazu zählen auch private Rentenversicherungen, die dem Versicherten nach Ablauf eine festgelegte monatliche Summe oder einen einmaligen Pauschalbetrag sichert.

   c) **Aktienfonds**: Der Sparer lässt sich von seiner Bank oder Sparkasse je nach individueller Situation erklären, in welche Aktienfonds (= der Fondsbetreiber kombiniert verschiedene Aktien, um zu einer bestmöglichen Rendite zu gelangen und verlangt dafür einmalige und jährliche Gebühren) er investiert. Je länger dieses durchgehalten wird desto höher ist in den letzten Jahrzehnten die Rendite ausgefallen (durchschnittlich 8 – 10 % jährlich in den letzten 25 Jahren).

II.3 Steuern, Transferleistungen des Staates, Lohnformen

Seite 58-59		Seite 60-61		Seite 62-63		Seite 64	
1	b	11	c	21	a	31	e
2	a	12	b	22	e	32	d
3	c	13	a	23	a	33	b
4	e	14	a	24	e	34	d
5	c	15	d	25	a	35	b
6	b	16	b	26	c+e		
7	a	17	c	27	c+e		
8	e	18	d+e	28	c		
9	c	19	b+d	29	b+d+f		
10	1c-2d-3a-4b	20	a+d	30	b		

II.3 Lösungen zu den ungebundenen Aufgaben

Seite 65

1 **Hauptausgabepositionen des Bundes (2010)**:

Soziale Sicherung = 145 Mrd

Verteidigung = 30 Mrd

Zinsausgaben = 43 Mrd Euro

Bildung-Wissenschaft-Kultur = 15 Mrd Euro

2 **Steuern**: Geldleistungen, die vom Staat erhoben werden ohne dass eine besondere Gegenleistung besteht.

Gebühren: Für Verwaltungsleistungen wie z.B. Passgebühren, Müllgebühren.

Beiträge: Einmalige Zahlungen für die Nutzung öffentlicher Einrichtungen wie z.B. Erschließungsbeiträge für den erstmaligen Straßenausbau.

3 **Gemeinschaftssteuern**: Steuern, die sich Bund, Länder und/oder Gemeinden nach einem vereinbarten Schlüssel aufteilen, z. B. Einkommensteuer, Umsatzsteuer.

4 **Einkunftsarten = Einkünfte aus**

- Land- und Forstwirtschaft, z.B. Einkommen eines Waldbesitzers
- Gewerbebetrieb, z.B. Einnahmen eines Hotels
- Selbstständiger Arbeit, z.B. Einnahmen eines Steuerberaters
- Nichtselbstständiger Arbeit, z.B. Gehalt eines ein Angestellten
- Kapitalvermögen, z.B. Zinseinkünfte aus Geldanlagen
- Vermietung und Verpachtung, z.B. Mieteinnahmen aus Ladenvermietung
- Sonstige Einkünfte, z.B. Renten oberhalb des Freibetrages.

5 **Steuerklassen**

Steuerklasse I:	Ledige oder geschiedene Arbeitnehmer
Steuerklasse II:	Ledige oder geschiedene Arbeitnehmer mit mind. 1 Kind
Steuerklasse III:	Verheiratete, wenn der Partner nicht arbeitet oder in Steuerklasse V eingeordnet ist
Steuerklasse IV:	Beide Ehegatten beziehen Arbeitslohn
Steuerklasse V:	Beide Ehegatten beziehen Arbeitslohn; der weniger Verdienende geht in Klasse V, der Mehrverdiener in Klasse III, so dass insgesamt Einkommensteuer gespart wird.
Steuerklasse VI:	Wird für Arbeitnehmer mit einem zweiten Arbeitsverhältnis berechnet.

6 Kauft ein Unternehmer Waren für 10.000 Euro, dann muss er dem Lieferanten 11.900 Euro bezahlen.

Diesen „Mehrwert" von 1.900 Euro darf der Unternehmer dann aber als Vorsteuer abziehen, wenn er die Waren für 15.000 Euro + 2.850 Euro Mehrwertsteuer = 17.850 Euro verkauft hat.

Dem Finanzamt muss er dann 2.850 – 1.900 = 950 Euro als so genannte Zahllast überweisen. Der Endverbraucher/Konsument soll letztlich die **Mehrwert-/Umsatzsteuer** tragen.

7 **Transferleistungen** oder Zahlungen an Haushalte sind z.B. Kindergeld, Wohngeld oder auch Elterngeld; Transferleistungen an Unternehmen sind so genannte Subventionen, um z. B. einen Betrieb in einer Gemeinde anzusiedeln. Dabei sind Transferleistungen immer staatliche Zahlungen ohne unmittelbare Gegenleistungen.

8 **Kindergeld** erhalten alle Mütter eines Kindes in gleicher Höhe, z.B. für das 1. Kind seit 01.01.2010 184 Euro.

Anspruch auf **Elterngeld** haben Mütter und Väter für maximal 14 Monate ab der Geburt; die Höhe beträgt 67 % des Nettogehaltes, maximal 1.800 Euro.

Wohngeld ist ein Zuschuss der Sozialhilfeträger (Stadt/Gemeinde), wenn die Mietkosten die wirtschaftliche Leistungsfähigkeit des Antragstellers (Einkommen) übersteigt.

9 Anspruch auf **Elternzeit** besteht für maximal 3 Jahre ab der Geburt; während dieser Zeit besteht absoluter Kündigungsschutz – die Kündigungsfrist beträgt 3 Monate zum Ende der Elternzeit. Die Elternzeit kann von jedem Elternteil allein oder von beiden Elternteilen gemeinsam genommen werden.

10 Der **Zeitlohn** wird als monatliche gleich bleibende Vergütung (Ausbildungsvergütung, Gehalt) oder als Stundenlohn gezahlt. Er wird als Entlohnungsform gewählt, wenn die Qualität der Arbeit wichtig ist.

Der **Leistungslohn** bewertet die erbrachte Leistung, z.B. in der Menge (Akkordlohn) und als Prämie, z.B. für einen eingehaltenen Termin, bei Unterschreitung einer Ausschussquote in der Produktion (Prämienlohn).

11 Der **Prämienlohn** kann zusätzlich zum Zeit- oder Akkordlohn gezahlt werden, um eine bestimmte Qualität, Ersparnisse oder Verbesserungsvorschläge zu belohnen.

12 Der **Beteiligungslohn** in Form einer Gewinnbeteiligung oder einer Beteiligung am Unternehmen (Kapitalbeteiligung, z.B. in Form von Aktien) soll die Motivation des Arbeitnehmers an „seinem" Unternehmen stärken und damit letztlich auch seine Verantwortung und Interesse für seine Arbeit erhöhen.

13 **Diskussion: Mehrwertsteuererhöhung – Ja/Nein?**

a) Für den Staat: Er erzielt höhere Einnahmen, muss allerdings politisch Rücksicht nehmen auf die sozial Schwachen, die dann stärker belastet werden.

b) Für den Bürger/Steuerzahler: Er wird bei jedem Kauf stärker belastet, die Kaufkraft des verfügbaren Einkommens sinkt – und so die Meinung vieler: Der Staat hat sowieso genug Steuereinnahmen.

Lösung zur Situation: Einkommensteuererklärung (hier: Werbungskostenaufstellung)

Sie als jetziger oder späterer Einkommensteuerzahler (nach Bestehen der Abschlussprüfung!) können als Arbeitnehmer am ehesten Einkommensteuer sparen, wenn Sie viele Werbungskosten angeben können. Dieses Beispiel soll Ihnen zeigen, wie Sie dabei – tabellarisch – vorgehen können, um nicht das vielleicht unübersichtliche Formular der Steuererklärung benutzen zu müssen. – *Dieses DIN-A-4-Blatt legen Sie bitte wie die Belege den Steuerformularen bei.*

Name: **STEUERNUMMER:**

Adresse:

Zu Anlage N: Werbungskosten

- Fahrt zur Arbeitsstätte
  200 x 20 km x 0,30 € .... = 1.200 €
- Fahrt zur Berufsschule
  30 x 10 km x 0,30 € .... = 90 €
- Bewerbungskosten .... = 220 €
- Fortbildungskosten.......................... = 320 €
- Aufw. Arbeitskleidung...................... = 160 €
- Fachliteratur .... = 160 €
- Beiträge zur Gewerkschaft .... = 90 €
- Kontoführungsgebühren .... = 16 €

Summe Werbungskosten .... = 2.256 €

Da der Werbungskostenpauschbetrag von 1.000 € jährlich (ab 2011) schon in der Steuertabelle eingearbeitet ist, kann nur die Differenz (2.256 € – 1.000 €) steuermindernd geltend gemacht werden.

III

Unternehmen und Verbraucher in

Wirtschaft und Gesellschaft

III.1 Gebundene Aufgaben

1 Nennen Sie das oberste Ziel einer erwerbswirtschaftlich/privat geführten Unternehmung.

- ▢ **a)** Gute Versorgung der Verbraucher
- ▢ **b)** Produktion von Gütern und Dienstleistungen
- ▢ **c)** Sicherung der Arbeitsplätze
- ▢ **d)** Steigerung der Arbeitsplätze
- ▢ **e)** Erwirtschaften von Gewinnen

2 Die wichtigsten (klassischen) Aufgaben eines Industrie-/Handwerksbetriebes sind

- ▢ **a)** Leitung, Beschaffung, Kalkulation
- ▢ **b)** Beschaffung, Herstellung/Fertigung, Absatz/Vertrieb
- ▢ **c)** Finanzierung, Forschung, Herstellung
- ▢ **d)** Kalkulation, Herstellung, Lagerung
- ▢ **e)** Buchführung, Herstellung, Verwaltung

3 In der Industrie werden Urprodukte wie Holz, Zwischenprodukte wie Stahl und Endprodukte für den Verbraucher gewonnen und hergestellt. Welcher Betrieb stellt vor allem Endprodukte her?

- ▢ **a)** Stahlwerk
- ▢ **b)** Werkzeugmaschinenfabrik
- ▢ **c)** Kohlenbergwerk
- ▢ **d)** Holzsägewerk
- ▢ **e)** Schuhfabrik

4 Bei den betriebswirtschaftlichen Produktionsfaktoren unterscheidet man den Boden (Rohstoffquelle), den Faktor Arbeit (Arbeitskraft) und das Kapital im Sinne von Sachvermögen wie Maschinen, Gebäude (= Produktionsmittel). Bei welcher Fertigung spielt das Kapital die wichtigste Rolle?

- ▢ **a)** Weinanbau
- ▢ **b)** Anfertigen eines Gemäldes
- ▢ **c)** Einzelfertigung von Hochzeitskleidern
- ▢ **d)** Industrielle Herstellung von Druckereimaschinen
- ▢ **e)** Kunsthandwerkliche Herstellung von Töpfen und Vasen

5 **Welche Abteilung eines Betriebes beschäftigt sich mit der Beschaffung von Gütern?**

- ▢ **a)** Fertigung
- ▢ **b)** Arbeitsvorbereitung für die Fertigung
- ▢ **c)** Konstruktion
- ▢ **d)** Materialprüfung
- ▢ **e)** Materialeinkauf

6 **Jeder Herstellungsbetrieb benötigt für seine Produktion eine bestimmte Menge an Roh-, Hilfs- und Betriebsstoffen, um jederzeit produktionsbereit zu sein. Diese Vorratsmenge heißt**

- ▢ **a)** Mehrbestand.
- ▢ **b)** Mindestbestand.
- ▢ **c)** Oberer Lagerbestand.
- ▢ **d)** Unterer Lagerbestand.
- ▢ **e)** Optimaler Lagerbestand.

7 **Marketing ist**

- ▢ **a)** der Verkauf im Einzelhandel.
- ▢ **b)** die vom Markt her bestimmte Unternehmensführung.
- ▢ **c)** der Absatz eines Unternehmens.
- ▢ d) nur die Preispolitik des Unternehmens.
- ▢ e) überwiegend die Produktpolitik eines Unternehmens.

8 **Kommunikationspolitik umfasst**

- ▢ **a)** nur Werbung.
- ▢ **b)** auch Preis- und Produktpolitik.
- ▢ **c)** überwiegend Arbeit im Call-Center.
- ▢ d) Werbung und Öffentlichkeitsarbeit.
- ▢ e) überwiegend Vertriebspolitik.

9 **Die Ablauforganisation eines Betriebes bedeutet**

- ▢ **a)** unerwartete Betriebsprobleme zu lösen.
- ▢ **b)** Zuständigkeiten in einem Betrieb festzulegen.
- ▢ **c)** ein Organigramm zu erstellen.
- ▢ d) Arbeitsgänge in zeitlicher und räumlicher Hinsicht festzulegen.
- ▢ e) Abteilungen zu bilden.

10 **Zur Abwicklung von Verwaltungsarbeiten im Büro gehört**

- ▢ **a)** die Lagerverwaltung.
- ▢ **b)** die Arbeitsvorbereitung für die Produktion.
- ▢ **c)** die Kontrolle der Produktion.
- ▢ d) die Erstellung von Rechnungen.
- ▢ e) die Materialdisposition im Einkauf.

III.1 Ungebundene Aufgaben

1 **Das erwerbswirtschaftliche Prinzip ist das oberste Ziel einer Unternehmung in der Marktwirtschaft.**
Nennen Sie drei Unterziele, um das oberste Ziel zu erreichen.

2 Ordnen Sie den Aufgabenbereichen Beschaffung, Produktion, Absatz und Verwaltung je ein Beispiel zu.

3 Unterscheiden Sie die üblichen Fertigungsverfahren in einem Industriebetrieb.

4 **Die Marktanalyse und die Marktbeobachtung sind Verfahren der Marktforschung und damit wesentlich für das Gelingen des Marketing.**
Beschreiben Sie diese Verfahren.

5 Beschreiben Sie die Begriffe Aufbau- und Ablauforganisation anhand Ihres Betriebes.

III.2 Gebundene Aufgaben

1 **Eine Unternehmung stellt Fenster her. Aufgrund der starken Konkurrenz müssen die Preise gesenkt werden, wodurch die Verkaufserlöse sinken. Welche Aussage ist richtig?**

- ☐ **a)** Die Wirtschaft wird größer.
- ☐ **b)** Die Produktivität steigt.
- ☐ **c)** Die Rentabilität wird größer.
- ☐ **d)** Die Wirtschaftlichkeit wird kleiner.
- ☐ **e)** Der Gewinn wird größer.

2 **Welche Aussage über die Einzelunternehmung ist richtig?**

- ☐ **a)** Bei Einzelunternehmen tragen immer mehr Kapitalgeber das Risiko.
- ☐ **b)** Einzelunternehmen sind grundsätzlich besonders kapitalstark.
- ☐ **c)** Einzelunternehmen sind besonders kreditwürdig.
- ☐ **d)** Einzelunternehmen können sich veränderten Marktsituationen nur schwer anpassen.
- ☐ **e)** Einzelunternehmen hängen sehr stark von der Fähigkeit des Unternehmens ab.

3 **Welche der Auswahlantworten ist richtig zugeordnet?**

- ☐ **a)** Die Gesellschaft mit beschränkter Haftung (GmbH) ist eine Personengesellschaft.
- ☐ **b)** Die Einzelunternehmung ist eine Kapitalgesellschaft.
- ☐ **c)** Die Offene Handelsgesellschaft (OHG) ist eine Personengesellschaft.
- ☐ **d)** Die Aktiengesellschaft (AG) ist eine Personengesellschaft.
- ☐ **e)** Die Kommanditgesellschaft (KG) ist eine Kapitalgesellschaft.

4 **Welche Aussage zur Wirtschaftlichkeit ist richtig?**

- ☐ **a)** Durch mehr Urlaub wird sie erhöht.
- ☐ **b)** Sie sinkt, wenn die Preise für bezogene Rogstoffe günstiger sind.
- ☐ **c)** Durch sinkende wöchentliche Arbeitszeit bei vollem Gehalt steigt sie.
- ☐ **d)** Sie steigt wenn die Energiekosten fallen.
- ☐ **e)** Sie steigt bei steigenden Löhnen und Gehältern.

5 **Bei welcher der genannten Firmen handelt es sich um eine Einzelunternehmung?**

- ☐ **a)** Haarschmiede Beatrice Anschütz e.Kfr.
- ☐ **b)** Werner Schulz Lederwaren GmbH
- ☐ **c)** Maschinenwerke AG
- ☐ **d)** Walter, Fink und Niemöller OHG
- ☐ **e)** Franz Huber Sanitärgroßhandel KG

6 **Was bedeutet die Abkürzung KG auf dem Briefkopf einer Firma?**

- ▢ **a)** Kleingewerbebetrieb
- ▢ **b)** Kreisgenossenschaft
- ▢ **c)** Kommanditgesellschaft
- ▢ **d)** Kölner Gewerbebau
- ▢ **e)** Komplementärgesellschaft
- ▢ **f)** Kolonialgesellschaft

7 **In welcher Unternehmungsform gibt es mindestens einen Komplementär?**

- ▢ **a)** OHG
- ▢ **b)** AG
- ▢ **c)** GmbH
- ▢ **d)** KG
- ▢ **e)** e.Kfm
- ▢ **f)** Stille Gesellschaft

8 **Welche Unternehmungsform gehört zu den Kapitalgesellschaften?**

- ▢ **a)** KG
- ▢ **b)** OHG
- ▢ **c)** GmbH
- ▢ **d)** Einzelunternehmen
- ▢ **e)** GmbH & Co. KG

9 **Kosten sind**

- ▢ **a)** alle Ausgaben eines Betriebes.
- ▢ **b)** alle Einnahmen eines Betriebes.
- ▢ **c)** alle für die Produktion benötigten Aufwendungen.
- ▢ **d)** alle Spenden eines Betriebes an Hilfswerke.
- ▢ **e)** alle den Kunden in Rechnung gestellte Leistungen.
- ▢ **f)** alle Miet- und Finanzausgaben.

10 **Der Umsatz eines Betriebes ist die Summe**

- ▢ **a)** aller produzierten Mengen.
- ▢ **b)** aller Lagerleistungen.
- ▢ **c)** aller Erlöse.
- ▢ **d)** aller Erlöse abzüglich der Kosten.
- ▢ **e)** aller Einnahmen.
- ▢ **f)** aller Eigen- und Lagerleistungen.

III.2 Ungebundene Aufgaben

1 Die Matallbau GmbH hat folgende Aufwendungen:

- Rohstoffaufwendungen: 200.000 Euro
- Löhne/Gehälter: 160.000 Euro
- Sozialaufwendungen: 32.000 Euro
- Energiekosten: 24.000 Euro
- Spenden: 8.000 Euro

Die Erlöse aus verkauften Produkten betragen 560.000 Euro.

Ermitteln Sie

a) die Summe aller Kosten

b) den Betriebsgewinn und prüfen Sie, ob der Betrieb wirtschaftlich arbeitet.

2 Im Jahr 2009 erzielte ein Hotelbetrieb einen Gewinn von 130.000 Euro, im Jahr 2010 von 150.000 Euro. An Eigenkapital verfügte der Betrieb im Jahr 2009 über 390.000 Euro, im Jahr 2010 über 600.000 Euro.

Errechnen Sie, wie sich die Eigenkapitalrentabilität in den beiden Jahren verändert hat.

3 Unterscheiden Sie die Begriffe Kartell und Fusion und begründen Sie, weshalb Gesetze Zusammenschlüsse großer Unternehmen verhindern sollen.

III.2 Diskussion

1

Die Situation: Rechtsformen I

Fritz Huber betreibt als Einzelunternehmer eine Großhandlung für Sanitäreinrichtungen. Die gute Geschäftsentwicklung ermöglicht eine Geschäftserweiterung; dazu benötigt er 200.000 €.

- Hubers Bank ist bereit, ihm 200.000 € als Darlehen zu 7,5% Verzinsung zu geben
- Franz Ebner, ein Fachmann im Sanitärbereich, bietet an, als Gesellschafter in das Unternehmen einzutreten. Er will 200.000 € einbringen, wenn das Einzelunternehmen in eine OHG umgewandelt wird und er als gleichberechtigter Gesellschafter aufgenommen wird.

Die Situation: Rechtsformen II

Ein Bekannter Hubers, Dominik Gütermann, ist bereit, ein bebautes Grundstück (Haus) im Wert von 200.000 € als Gesellschafter in das Unternehmen einzubringen. Gütermann will jedoch nicht mitarbeiten und seine Haftung auf seine Einlage beschränken. Huber nimmt Gütermanns Angebot an und lässt die Gesellschaft eintragen.

Aufgaben I:

1. **a)** Welche Vorteile hat jede dieser beiden Möglichkeiten für Herrn Huber? Beschreiben Sie je zwei Vorteile.
   b) Wählen Sie für die Gesellschaft die Firmenbezeichnung.
   c) Beschreiben Sie präzise die Haftung in der OHG.
   d) Peter Schreiner ist Anfang des Jahres in eine schon bestehende OHG eingetreten. Letzte Woche wurde er von den beiden Gesellschaftern mit der Aufforderung überrascht, den Verlust des letzten Jahres von 90.000 € anteilsmäßig mit zu tragen. Peter Schreiner weigert sich mit dem Hinweis darauf, dass er die Schulden ja gar nicht mit verursacht habe. Beurteilen Sie diese rechtliche Situation.

Aufgaben II:

2. **a)** Wählen Sie für die Gesellschaft die Firmenbezeichnung
   b) Warum ist es sinnvoll, dass Gütermanns Name nicht in die Firmenbezeichnung aufgenommen wird..
   c) Beschreiben Sie notwendige Inhalte für den Abschluss des Gesellschaftsvertrages.
   d) Der Kommanditist Gütermann kauft Badewannen für 50.000 €. Dabei gibt er an, als Gesellschafter für die KG zu handeln.
   Erklären Sie, ob die KG zahlen muss.
   e) Im ersten Geschäftsjahr wurde ein Gewinn von 342.000 € erwirtschaftet. Nach dem Gesellschaftsvertrag wird das Kapital (Huber: 1.600.000 €, Gütermann: 400.000 €) mit 8 % verzinst; Huber erhält außerdem als Vergütung für seine unternehmerische Tätigkeit monatlich 6.000 €. Vom Restgewinn bekommen Huber 70 % und Gütermann 30 %.
   Welche Anteile vom Jahresgewinn erhalten Huber und Gütermann?

III.3 Gebundene Aufgaben

1 **Welche der folgenden Aussagen über die Form des Abschlusses von Kaufverträgen ist richtig?**

- ▢ **a)** Mündlich abgeschlossene Verträge sind nur verbindlich, wenn der Käufer die Ware sofort in Empfang nimmt und zahlt.
- ▢ **b)** Telefonisch abgeschlossene Verträge sind nur verbindlich, wenn sie schriftlich bestätigt werden.
- ▢ **c)** Kaufverträge über große Beträge (z.B. 5.000 €) müssen schriftlich abgeschlossen werden.
- ▢ **d)** Ein Minderjähriger kann Kaufverträge nur schriftlich abschließen, es sei denn, der gesetzliche Vertreter stimmt zu.
- ▢ **e)** Für den Abschluss von Kaufverträgen ist keine bestimmte Form vorgeschrieben.
- ▢ **f)** Grundstückskäufer benötigen die Schriftform.

2 **In welchen der folgenden Fälle ist ein Kaufvertrag durch zwei übereinstimmende und verbindliche Willenserklärungen zustande gekommen?**

- ▢ **a)** Frau A. bestellt schriftlich auf ein unverbindliches Angebot.
- ▢ **b)** Herr B. bestellt am 15.5. nach einem schriftlichen Angebot Waren, die spätestens am 25.5. geliefert werden sollen. In dem Angebot vom 12.5. heißt es u.a.: „Lieferzeit 4 Wochen".
- ▢ **c)** Herr C. fragt bei einer Firma an, ob sie ihm eine Ware für höchstens 50 € liefern können. C. erhält ein schriftliches Angebot, dass die Ware sofort für 45 € geliefert werden kann.
- ▢ **d)** Herr D. bestellt aufgrund eines schriftlichen Angebots 6 Stück zu 17,50 €. Im Angebot heißt es u.a.: „Preis je Stück 20 €. Bei Abnahme von mindestens 10 Stück 17,50 € je Stück."
- ▢ **e)** Frau E. nimmt in einem Selbstbedienungsladen Ware aus dem Regal und zahlt an der Kasse den angegebenen Preis.

3 **Herr Wegener will seinen Wagen verkaufen. Ein Gebrauchtwagenhändler bietet während der Unterhaltung 2.000 €. Wann muss sich Herr Wegener entscheiden, falls keine Frist genannt wird?**

- ▢ **a)** Sofort
- ▢ **b)** Innerhalb von einer Stunde
- ▢ **c)** Am gleichen Tag
- ▢ **d)** Innerhalb von drei Tagen
- ▢ **e)** Innerhalb von einer Woche
- ▢ **f)** Innerhalb von 2 Jahren

4 **Ein Kaufmann hat ein verbindliches Angebot per Fax abgegeben. Zwei Tage später stellt er fest, dass er im Vergleich zu seinen Konkurrenten viel zu billig angeboten hat. Eine Bestellung des Kunden liegt noch nicht vor. Ist der Kaufmann noch an das Angebot gebunden?**

- ☐ **a)** Nein, weil er noch widerrufen kann, solange keine Bestellung eingegangen ist.
- ☐ **b)** Ja, weil er das verbindliche Angebot nicht mehr widerrufen kann.
- ☐ **c)** Nein, weil der Kunde nicht am gleichen Tag per Fax bestellt hat.
- ☐ **d)** Ja, weil es ein verbindliches Angebot war.
- ☐ **e)** Ja, weil der Kunde eine Woche Überlegungsfrist hat.

5 **Nicht jeder Antrag auf Abschluss eines Kaufvertrages ist rechtswirksam. Der Anbieter kann Vorbehalte geltend machen. In welchem der folgenden Fälle liegt kein verbindliches Angebot vor?**

- ☐ **a)** Blumen-Importeur Hanke bietet seinen Kunden Tulpen aus Holland zu 9,95 € je 100 Stück an.
- ☐ **b)** Schreibwaren-Weiß zeichnet in seinem Laden Schulhefte, 6 Stück, mit 1 € aus.
- ☐ **c)** Radio-Bolz bietet das Fernsehgerät „Fernblick" zum Sonderpreis von 295 € an: „Solange Vorrat reicht".
- ☐ **d)** Die Fahrschule „Perfekt" bietet laut Anschlag im Fahrschulraum Schülern und Auszubildenden einen Nachlass von 25 % auf die jeweils geltenden Preise an.
- ☐ **e)** Ein Kunde/Tischlerei erhält von seinem Großhändler einen Katalog mit Preisen und Verkaufsbedingungen.

Entscheiden Sie, ob in den folgenden zusammengehörenden Aufgaben 6 - 17 die Kaufverträge *nichtig*, *anfechtbar* oder *nicht anfechtbar* sind.

6 **Eine Mutter schickt ihr Kind zum Einkaufen. Es ist 5 Jahre alt. Für den Rest des Geldes kauft das Kind Bonbons. Der Kaufvertrag ist**

- ☐ **a)** nichtig
- ☐ **b)** anfechtbar
- ☐ **c)** nicht anfechtbar

7 **Zwei Männer vereinbaren mündlich die Lieferung von Rauschgift. Der Kaufvetrag ist**

- ☐ **a)** nichtig
- ☐ **b)** anfechtbar
- ☐ **c)** nicht anfechtbar

8 **Ein Privatmann unterschreibt einem Vertreter eine Bestellung für eine Zeitschrift, ohne die auf dem Bestellschein abgedruckten Bedingungen (Widerrufsrecht innerhalb von 14 Tagen) zu lesen. Der Kaufvertrag ist dann**

- ☐ **a)** nichtig
- ☐ **b)** anfechtbar
- ☐ **c)** nicht anfechtbar

9 **Der Eigentümer eines Wochenendhauses verkauft das Haus an einen Interessenten für 20.000 €. Der Vertrag wird von beiden schriftlich abgeschlossen und unterschrieben. Der Kaufvertrag ist**

- ☐ **a)** nichtig
- ☐ **b)** anfechtbar
- ☐ **c)** nicht anfechtbar

10 **Ein Autohändler verkauft einen Wagen als unfallfrei, obwohl er wusste, dass der Wagen einen Unfall hatte. Der Kaufvertrag ist**

- ☐ **a)** nichtig
- ☐ **b)** anfechtbar
- ☐ **c)** nicht anfechtbar

11 **Eine Kundin bestellt bei einem Versandhaus eine Kette mit künstlichen Perlen. Versehentlich wird ihr zum gleichen Preis eine Kette mit echten Perlen geliefert. Der Kaufvertrag ist**

- ☐ **a)** nichtig
- ☐ **b)** anfechtbar
- ☐ **c)** nicht anfechtbar

12 **Ein Anwalt kauft bei seiner Bank Gold, weil er annimmt, dass der Goldpreis in nächster Zeit erheblich steigen wird. Er irrt sich, der Goldpreis geht sogar zurück. Der Kaufvertrag ist**

- ☐ **a)** nichtig
- ☐ **b)** anfechtbar
- ☐ **c)** nicht anfechtbar

13 **Ein Kunde bestellt versehentlich 2000 statt 20 Flaschen Wein für eine Familienfeier. Der Händler liefert ihm die bestellte Menge. Der Kaufvertrag ist**

- ☐ **a)** nichtig
- ☐ **b)** anfechtbar
- ☐ **c)** nicht anfechtbar

14 **Ein stark Betrunkener erklärt in einem Lokal: Wer ihm sofort 500 € bar zahle, könne dafür seinen neuen Mercedes 230 E haben. Ein Gast gibt ihm das Geld. Das Geschäft wird vor Zeugen durch Handschlag bekräftigt. Am nächsten Morgen kommt der Bekannte und will den fast neuwertigen Wagen abholen. DerKaufvertrag ist**

- ▢ **a)** nichtig
- ▢ **b)** anfechtbar
- ▢ **c)** nicht anfechtbar

15 **Ein Einzelhändler bestellt bei seinem Großhändler zum Wochenende wesentlich mehr Obst und Gemüse als sonst, weil er mit erheblich größerer Nachfrage und steigenden Preisen rechnet. Er irrt sich. Einen großen Teil der verderblichen Waren hat er bis Samstagnachmittag noch nicht verkauft. Der Kaufvertrag ist**

- ▢ **a)** nichtig
- ▢ **b)** anfechtbar
- ▢ **c)** nicht anfechtbar

16 **Eine Hausfrau unterschreibt eine Bestellung, nachdem ihr ein Vertreter gedroht hatte, er wolle ihrem Mann von ihrem Hausfreund erzählen, wenn sie bei ihm nichts bestellt. Der Kaufvertrag ist**

- ▢ **a)** nichtig
- ▢ **b)** anfechtbar
- ▢ **c)** nicht anfechtbar

17 **Ein Lieferer bietet eine Ware schriftlich für 15 € statt für 51 € an (Schreibfehler). Der Kunde bestellt 10 Stück für 15 €. Der Kaufvertrag ist**

- ▢ **a)** nichtig
- ▢ **b)** anfechtbar
- ▢ **c)** nicht anfechtbar

18 **Eine Kundin lässt sich Ware zurücklegen und leistet eine Anzahlung. Wie ist die Rechtslage?**

- ▢ **a)** Der Kaufvertrag wurde durch den Widerruf am nächsten Tag nichtig.
- ▢ **b)** Der Kaufvertrag wurde durch den Widerruf angefochten.
- ▢ **c)** Die Kundin hat Anspruch auf Rückerstattung des Geldes, da der Händler keine Leistung erbracht hat.
- ▢ **d)** Der Händler hat Anspruch auf Abnahme der Ware und Restzahlung.
- ▢ **e)** Der Händler kann nicht auf Abnahme der Ware bestehen, muss aber der Kundin eine Ware im Wert der Anzahlung aushändigen.

19 In welchem der folgenden Fälle liegt *kein* Vertrag vor?

- ☐ **a)** Monika und Willi haben sich verlobt.
- ☐ **b)** Der Arzt Dr. Lang untersucht den Patienten Hurtig.
- ☐ **c)** Onkel Herbert schenkt seinem Neffen eine Uhr.
- ☐ **d)** Der Kaufmann Groß verkauft Kaugummis an Inga-Anna.
- ☐ **e)** Der Arzt Dr. Lang beschäftigt eine Angestellte stundenweise.

20 Nach dem BGB hat der Käufer bei sogenannten Haustürkäufen ein Widerrufsrecht. Innerhalb welcher Frist kann er sein Recht geltend machen?

- ☐ **a)** Frühestens einen Tag nach der Lieferung
- ☐ **b)** Spätestens nach Erhalt der Rechnung
- ☐ **c)** Schriftlich binnen zwei Wochen nach Abschluss des Vertrages ohne Angaben von Gründen
- ☐ **d)** Spätestens nach Erhalt der Lieferung
- ☐ **e)** Mündlich binnen 14 Tagen beim Vertreter

21 In welchen der folgenden Fälle kommt ein gültiger Kaufvertrag zustande?

- ☐ **a)** Der 6jährige B. kauft sich ohne Wissen seiner Eltern Süßigkeiten.
- ☐ **b)** Der 17jährige F. kauft sich ohne Wissen seiner Eltern ein Moped auf Raten.
- ☐ **c)** Der 8jährige U. kauft sich mit Zustimmung seiner Eltern eine DVD.
- ☐ **d)** Die 17jährige I. findet auf dem Schulweg 500 €. Ohne ihren Eltern etwas davon zu sagen, kauft sie sich davon Klamotten.
- ☐ **e)** Der Entmündigte W. kauft Getränke ein.

22 Welche der folgenden Willenserklärungen begründen einen Kaufvertrag?

- ☐ **a)** Unverbindliche Anfrage – Lieferung
- ☐ **b)** Bestellung – Bestellungsannahme (mit Auftragsbestätigung)
- ☐ **c)** Bestimmte Anfrage – freibleibende Angebot
- ☐ **d)** Unverbindliches Angebot – Bestellung
- ☐ **e)** Bestimmte Anfrage – verbindliches Angebot

23 Nach dem BGB ist jeder Mensch rechtsfähig. Was besagt das?

- ☐ **a)** Jeder kann strafrechtlich zur Verantwortung gezogen werden.
- ☐ **b)** Jeder ist Träger von Rechten und Pflichten.
- ☐ **c)** Jeder kann rechtswirksame Verträge abschließen.
- ☐ **d)** Jeder ist für seine Handlungen voll verantwortlich.
- ☐ **e)** Jeder ist damit voll geschäftsfähig.

24 Ab wann ist ein Mensch beschränkt deliktsfähig?

- ☐ **a)** Ab der Geburt
- ☐ **b)** Ab dem 10. Lebensjahr
- ☐ **c)** Ab dem 14. Lebensjahr
- ☐ **d)** Ab dem 18. Lebensjahr

25 **Eine 17jährige Auszubildende schließt mündlich einen Kaufvertrag über ein ultramodernes Fernsehgerät im Wert von 4.000 € ab. Wie ist die Rechtslage?**

- ▢ **a)** Der Vertrag ist nichtig, da er gegen geltendes Recht verstößt.
- ▢ **b)** Der Vertrag wurde rechtswirksam geschlossen und muss nicht von den Eltern genehmigt werden.
- ▢ **c)** Der Vertrag wird erst rechtens, wenn er von den Eltern genehmigt wird.
- ▢ **d)** Der Vertrag ist nichtig, da er nicht schriftlich abgeschlossen wurde.
- ▢ **e)** Der Vertrag ist anfechtbar, da gegen die gesetzlich vorgeschriebene Form verstoßen wurde.

26 **Wer ist nicht rechtsfähig?**

- ▢ **a)** Der Minderjährige
- ▢ **b)** Der Entmündigte
- ▢ **c)** Das ungeborene Kind
- ▢ **d)** Der zu lebenslanger Haft Verurteilte
- ▢ **e)** Der Ausländer

27 **Welche Aussage ist richtig?**

- ▢ **a)** Besitz und Eigentum unterscheiden sich nicht.
- ▢ **b)** Eigentum beinhaltet die rechtliche Verfügungsgewalt über eine Sache.
- ▢ **c)** Besitz beinhaltet die rechtliche Verfügungsgewalt über eine Sache.
- ▢ **d)** Eigentum beinhaltet immer tatsächliche Verfügungsgewalt über eine Sache.
- ▢ **e)** Besitzer und Eigentümer sind immer ein und dieselbe Person.

28 **Wann beginnt die uneingeschränkte (volle) Geschäftsfähigkeit?**

- ▢ **a)** Mit der Geburt
- ▢ **b)** Mit 7 Jahren
- ▢ **c)** Mit 14 Jahren
- ▢ **d)** Mit der Konfirmation
- ▢ **e)** Mit der Volljährigkeit

29 **Welches Rechtsgeschäft (Vertrag) bedarf zur Gültigkeit in jedem Fall der Schriftform?**

- ▢ **a)** Abzahlungsgeschäft/Ratenkauf
- ▢ **b)** Online-Kauf
- ▢ **c)** Dienstvertrag
- ▢ **d)** Werkvertrag
- ▢ **e)** Kaufvertrag

30 **Ein Kunde kauft am 13.12.2010 ein Fernsehgerät; der Bildschirm weist starke Mängel auf. Bringen Sie die Rechte des (Privat-)Kunden in die richtige Reihenfolge?**

- ◯ **a)** Preisminderung
- ◯ **b)** Schadensersatz und/oder Ersatz der Aufwendungen
- ◯ **c)** Nacherfüllung, d.h. Beseitigung des Mangels (Nachbesserung) oder die Lieferung einer mangelfreien Ware
- ◯ **d)** Rücktritt vom Vertrag

31 **Wann verjährt die obige Forderung, ohne dass ein Gericht eingeschaltet ist?**

- ◯ **a)** Am 31.12.2010
- ◯ **b)** Am 13.12.2011
- ◯ **c)** Am 31.12.2011
- ◯ **d)** Am 31.12.2012
- ◯ **e)** Am 31.12.2013

32 **Bei den Konsumgütern wird unterschieden zwischen Verbrauchsgütern und Gebrauchsgütern. Welche der folgenden Zuordnungen ist richtig?**

- ◯ **a)** Nahrungsmittel – Gebrauchsgut
- ◯ **b)** Kaffeemaschine – Verbrauchsgut
- ◯ **c)** Laptop – Verbrauchsgut
- ◯ **d)** Strom – Gebrauchsgut
- ◯ **e)** Papiertaschentücher – Verbrauchsgut

33 **Welches der genannten Güter ist ein freies Gut?**

- ◯ **a)** Strom
- ◯ **b)** Tageslicht
- ◯ **c)** Leitungswasser
- ◯ **d)** Erdgas
- ◯ **e)** Steinkohle

34 **Welches Gesetz dient dem Verbraucherschutz?**

- ◯ **a)** Gesetz gegen unlauteren Wettbewerb
- ◯ **b)** Aktiengesetz
- ◯ **c)** Kündigungsschutzgesetz
- ◯ **d)** Mitbestimmungsgesetz in Betrieben und Unternehmen
- ◯ **e)** Bundesurlaubsgesetz

35 **Welche Aussage zum Überziehungskredit (Dispo-Kredit) ist zutreffend?**

- ◯ **a)** Der Zinssatz ist fest.
- ◯ **b)** Die Laufzeit ist vertraglich geeregelt.
- ◯ **c)** Der Zinssatz ist deutlich höher als bei anderen Kreditarten.
- ◯ **d)** Die Rückzahlung erfolgt in gleichen Raten.
- ◯ **e)** Es gibt für ihn keine Kündigungsfrist.

36 **Der Ratenkreditvertrag ist an Regeln gebunden. Welche der folgenden Aussagen ist richtig?**

- ▢ **a)** Die Laufzeit ist unbefristet.
- ▢ **b)** Er deckt den aktuellen Geldbedarf.
- ▢ **c)** Der effektive Jahreszins ist deutlich höher als beim Dispo-Kredit.
- ▢ **d)** Die Rückzahlung erfolgt in festen monatlichen Raten.
- ▢ **e)** Die Kreditaufnahme erfolgt durch Überziehung des Girokontos.

37 **Wofür steht die Abkürzung AGB?**

- ▢ **a)** Anerkannt gute Geschäftsbedingungen
- ▢ **b)** Alltägliche gute Geschäftsbeziehungen
- ▢ **c)** Allgemein gültige Geschäftsbedingungen
- ▢ **d)** Aktuelle gute Geschäftsbeziehungen
- ▢ **e)** Allgemeine Geschäftsbedingungen

38 **Welche Aussage zu den „Bedürfnissen" ist zutreffend?**

- ▢ **a)** Eine Urlaubsreise in die Karibik ist ein Existenzbedürfnis.
- ▢ **b)** Bedürfnisse werden nur durch Sachgüter befriedigt.
- ▢ **c)** Staatliche Klimaschutzabkommen sind Individualbedürfnisse.
- ▢ **d)** TV-Werbung kann die Bedürfnisse des Menschen nicht beeinflussen.
- ▢ **e)** Essen ist für alle Menschen ein Existenzbedürfnis.

39 **Was bedeutet Garantie im Rahmen eines Kaufs für den Endverbraucher?**

- ▢ **a)** Eine Pflichtleistung des Verkäufers
- ▢ **b)** Eine Pflichtleistung des Herstellers
- ▢ **c)** Eine freiwillige Leistung des Verkäufers
- ▢ **d)** Eine freiwillige Leistung des Herstellers
- ▢ **e)** Eine immer bessere Leistung als die gesetzliche Gewährleistung

40 **Ordnen Sie die Kennziffern der eingegangenen Verpflichtungen den Vertragsarten zu.**

Verpflichtungen:

① Übereignung von Sachen und Rechten gegen Entgelt
② Entgeltliche Überlassung von Sachen zum Gebrauch auf Zeit
③ Leistungen von Diensten gegen Entgelt
④ Unentgeltliche Übereignung von Sachen und Rechten

Vertragsarten:

- ▢ **a)** Mietvertrag
- ▢ **b)** Kaufvertrag
- ▢ **c)** Dienstvertrag
- ▢ **d)** Schenkungsvertrag

III.3 Ungebundene Aufgaben

1 Wirtschaftlichkeitsprinzip:
Prüfen Sie, welchem der folgenden Sachverhalte das ökonomische Prinzip (Maximal- oder Minimalprinzip) zugrunde liegt und erklären Sie für diese Fälle das jeweilige Prinzip.

a) In der Konstruktionsabteilung einer Automobilfabrik wird erreicht, dass bei gleicher PS-Zahl und unveränderten Beschleunigungswerten der Benzinverbrauch eines bestimmten Typs um 10% gesenkt wird.

b) In einer Möbelfabrik, die Bücherwände herstellt, war ein Unternehmensberater tätig. Aufgrund einer von ihm vorgeschlagenen Änderung des Fertigungsablaufs war es möglich, ohne zusätzliche Investitionen und ohne zusätzliches Personal die Produktion um 6% zu erhöhen.

c) Eine Organisation, die sich dem Schutz der Umwelt widmet, wirbt um Spenden mit dem Hinweis, dass bei gleichem Spendenaufkommen die Kosten für die Verwaltung von 0,8% auf 0,5% des Spendenaufkommens reduziert werden konnten.

d) In einem Weinanbaugebiet sind im Frühjahr die Blütenansätze der Trauben überwiegend erfroren. Wegen der geringen Erträge steigen die Preise für die Weine des Jahrgangs. Ein Weinbauer, dessen Weinberge in einer besonders geschützten Lage liegen, macht deshalb mit dem Verkauf des Weins (in gleicher Menge) dieses Jahrgangs einen viel höheren Gewinn als mit dem Verkauf früherer Jahrgänge.

2 Erklären Sie die Begriffe Nachfrage, Bedürfnisse, Kaufkraft, Bedarf und bringen Sie diese in einen sinnvollen Zusammenhang.

3 Welches Ministerium ist für Verbraucherschutz zuständig?

4 Welches sind die wesentlichen Bestimmungen des Wettbewerbs- und Verbraucherrechts?

5 Wie können Verbraucher objektiv informiert werden?

6 Wie sollte sich ein Verbraucher bei Reklamationen verhalten?

7 Was leistet die EU für den Verbraucherschutz?

8 Was bedeutet das Gesetz gegen unlauteren Wettbewerb (UWG-Gesetz) im Einzelnen?

III.4 Gebundene Aufgaben

1 Wozu soll das Arbeitsförderungsgesetz wesentlich beitragen?

- ☐ **a)** Zur Vermittlung von Ausbildungs- und Arbeitsplätzen
- ☐ **b)** Zur Verringerung von 400-Euro-Jobs
- ☐ **c)** Zur Verringerung der Doppelverdiener
- ☐ **d)** Zur Erhöhung der Zahl der Studenten
- ☐ **e)** Zur Anpassung der wöchentlichen Arbeitszeit an die Lebensarbeitszeit

2 Welche zwei Begriffe werden im Wirtschaftskreislauf als Wirtschaftssubjekte bzw. Sektoren bezeichnet?

- ☐ **a)** Angestellte + Rentner
- ☐ **b)** Arbeitslose + anders befähigte Menschen (Behinderte)
- ☐ **c)** Gemeinde + Länder
- ☐ **d)** Haushalte + Unternehmungen
- ☐ **e)** Hausfrauenverein + Klub Windows

3 Welcher Begriff trifft auf Bruttosozialprodukt (= Sozialprodukt) zu?

- ☐ **a)** Soziale Marktwirtschaft in Deutschland
- ☐ **b)** Lebensstandard
- ☐ **c)** Wert aller erzeugter Güter und Leistungen einer Volkswirtschaft in einem bestimmten Zeitraum
- ☐ **d)** Leistungen der Sozialversicherung
- ☐ **e)** Tarifvertragsergebnisse

4 Welche Aussage über Güter im volkswirtschaftlichen Sinn ist richtig?

- ☐ **a)** Ein PC ist ein typisches Verbrauchsgut.
- ☐ **b)** Röntgengeräte sind ein Beispiel für Konsumgüter.
- ☐ **c)** Dienstleistungen werden nicht zu den Gütern gerechnet.
- ☐ **d)** Lebensmittel sind ein Beispiel für Verbrauchsgüter.
- ☐ **e)** Schokolade ist ein typisches Gebrauchsgut.

5 Ordnen Sie die Ziffern (① Individualbedürfnisse, ② Kollektivbedürfnisse) den folgenden Bereichen zu.

- ☐ **a)** Umfassende Gesundheitsfürsorge des Staates
- ☐ **b)** Gelber Computer zum 12. Geburtstag mit CD-ROM Brenner
- ☐ **c)** Neue Zahnprothese für Herrn Eidam
- ☐ **d)** Soziale Sicherheit
- ☐ **e)** Der Auszubildende bestellt Prüfungsbücher.

6 **Wie heißt die vertragliche Vereinbarung, wenn zwei Unternehmen gleicher Branche Preise absprechen?**

- ▢ **a)** Konzern
- ▢ **b)** Trust
- ▢ **c)** Syndikat
- ▢ **d)** Kartell
- ▢ **e)** Monopol

7 **Welche der folgenden Aussagen ist richtig?**

- ▢ **a)** Wenn das Warenangebot knapp wird, werden im Allgemeinen die Preise steigen.
- ▢ **b)** Wenn die Angebotsmengen steigen, steigen im Allgemeinen auch die Preise.
- ▢ **c)** Alle Endverbraucherpreise werden durch Hersteller und Verbraucherverbände jährlich festgelegt.
- ▢ **d)** Eine Marktwirtschaft ist unter anderem durch das Festlegen von Höchst- und Mindestpreisen gekennzeichnet.
- ▢ **e)** Keine der Aussagen ist richtig.

8 **Zum Wirtschaftlichkeitsprinzip:**
Ordnen Sie den Prinzipien je eine Ziffer der Aussagen zu.

Aussagen:

① So wenig wie möglich ausgeben, um ein bestimmtes Ziel zu erreichen.
② Mit gegebenen Mitteln soviel wie möglich erwirtschaften.
③ Die Aussagen zu ① und ② werden zu einem bestimmten Prinzip zusammengefasst.

Prinzipien:

- ▢ **a)** Maximalprinzip
- ▢ **b)** Ökonomisches Prinzip
- ▢ **c)** Minimalprinzip

9 **Ordnen Sie die Ziffern der Betriebe (① Stadtsparkasse, ② Drogerie, ③ Bauernhof, ④ Pharmazeutische Fabrik) den entsprechenden Wirtschaftsbereichen zu!**

- ▢ **a)** Güterverarbeitung
- ▢ **b)** Dienstleistung
- ▢ **c)** Urerzeugung
- ▢ **d)** Handel

III.4 Existenzgründung, Soziale Marktwirtschaft, Globalisierung, Datenschutz

10 **Wie erfolgt in der Sozialen Marktwirtschaft die Preisbildung?**

- ▢ **a)** Die Bundesregierung setzt über eine Verordnung die Preise fest.
- ▢ **b)** Die Verkäufer der Waren bestimmen allein die Preise.
- ▢ **c)** Nur der Käufer hat Einfluss auf die Preishöhe, da er entscheidet, ob er bei einem bestimmten Preis kauft oder nicht.
- ▢ **d)** Die Preise entstehen durch Angebot und Nachfrage auf dem Markt.
- ▢ **e)** Die Verkäufer der Waren sollen sich untereinander über die Preise abstimmen, die sie auf dem Markt erzielen wollen.

11 **Welche Leistung wird im Bruttosozialprodukt erfasst?**

- ▢ **a)** Dienstleistung des Arztes, der einen Privatpatienten behandelt.
- ▢ **b)** Ein Schwarzarbeiter verdient sich nach Feierabend Geld.
- ▢ **c)** Ein Auszubildender bildet sich durch das Studium von Literatur am Wochenende fort.
- ▢ **d)** Eine Gesundheits- und Krankenpflegerin versorgt regelmäßig ihre schwerkranke Mutter zu Hause.
- ▢ **e)** Eine Auszubildende schreibt nach Feierabend ihr Berichtsheft.

12 **Welche der folgenden Aufgaben fällt nicht in den Bereich der Verbraucherberatungsstellen?**

- ▢ **a)** Bereitstellung von Informationsmaterial, z.B. Warentests
- ▢ **b)** Vergabe zinsgünstiger Kredite
- ▢ **c)** Individuelle Beratung der Verbraucher
- ▢ **d)** Kollektive Vertretung der Verbraucherinteressen bei der Gesetzgebung oder der Öffentlichkeitsarbeit
- ▢ **e)** Beratung bei Schwierigkeiten mit Herstellern, Dienstleistungsunternehmen und Handwerkern

13 **Welche der folgenden Aussagen über Bedürfnisse ist zutreffend?**

- ▢ **a)** Bedürfnisse können nur durch freie Güter gedeckt werden.
- ▢ **b)** Bedürfnisse entstehen aus Mangelempfindungen.
- ▢ **c)** Kollektivbedürfnisse betreffen nur einzelne Personen.
- ▢ **d)** Bedarf ist die Summe aller Existenzbedürfnisse.
- ▢ **e)** Bedarf ist die Summe aller Existenz- und Kulturbedürfnisse.

14 **Welche der genannten Einrichtungen hat den gesetzlichen Auftrag, eine berufliche Fortbildung oder Umschulung finanziell zu fördern?**

- ▢ **a)** Industrie- und Handelskammer
- ▢ **b)** Bundesagentur für Arbeit
- ▢ **c)** Arbeitgeberverband
- ▢ **d)** Gewerkschaft
- ▢ **e)** Deutsche Rentenversicherung Bund

15 **Ordnen Sie die Kennziffern der Preisabzüge den Erläuterungen zu.**

Preisabzüge:

① Skonto
② Rabatt
③ Bonus

Erläuterungen:

- ▢ **a)** Sondervergünstigung, die nachträglich gewährt wird und meist vom Überschreiten einer festgelegten Umsatzgrenze abhängt.
- ▢ **b)** Preisabzug bei Zahlung innerhalb einer angegebenen kurzen Frist vor dem vereinbarten Zahlungsziel
- ▢ **c)** Preisvergünstigung, die meistens bei Mengenverkäufen eingeräumt wird.

16 **Mit der Entstehung der Bundesrepublik Deutschland 1949 wurde das „Sozialstaatsgebot" in das Grundgesetz aufgenommen. Welche Maßnahme dient nicht der Umsetzung dieses Prinzips?**

- ▢ **a)** Vermögensbildung der Arbeitnehmer
- ▢ **b)** Sozialer Wohnungsbau
- ▢ **c)** Einführung der Pflegeversicherung 1995
- ▢ **d)** Privatisierung städtischer Einrichtungen wie Müllabfuhr
- ▢ **e)** Zahlung des Kindergeldes

17 **In welcher Abfolge wird ein gerichtliches Mahnverfahren durchgeführt?**

- ▢ **a)** Antrag auf Erlass eines Mahnbescheides – Vollstreckungsbescheid – Mahnbescheid – eidesstattliche Versicherung
- ▢ **b)** Antrag auf Erlass eines Mahnbescheides – Mahnbescheid – Vollstreckungsbescheid – eidesstattliche Versicherung – Zwangsvollstreckung
- ▢ **c)** Antrag auf Erlass eines Mahnbescheides – Mahnbescheid – Zwangsvollstreckung – Vollstreckungsbescheid – eidesstattliche Versicherung
- ▢ **d)** Antrag auf Erlass eines Mahnbescheides – Mahnbescheid – Vollstreckungsbescheid – Zwangsvollstreckung – eidesstattliche Versicherung
- ▢ **e)** Antrag auf Erlass eines Mahnbescheides – eidesstattliche Versicherung – Mahnbescheid – Vollstreckungsbescheid – Zwangsvollstreckung

18 **Welche Aussage sollte zutreffen, wenn sich jemand selbstständig machen will?**

- ▢ **a)** Er benötigt kaum kaufmännische Kenntnisse.
- ▢ **b)** Er muss in der gewählten Branche keinerlei praktische Erfahrungen haben.
- ▢ **c)** Er legt starken Wert auf viel Freizeit.
- ▢ **d)** Er sollte sich selber Ziele setzen und die auch umsetzen können.
- ▢ **e)** Er legt Wert auf ein regelmäßiges und sicheres Einkommen.

III.4 Existenzgründung, Soziale Marktwirtschaft, Globalisierung, Datenschutz

19 **Welche der folgenden Länder gehören zu Volkswirtschaften mit überwiegend marktwirtschaftlicher Ordnung?**

Wählen Sie die zutreffende Kombination:

① USA
② Italien
③ Kuba
④ Deutschland
⑤ Volksrepublik China
⑥ Nordkorea

Aussagekombination:

- ▢ **a)** Aussagen ①, ②, ④ sind richtig
- ▢ **b)** Aussagen ③, ④ sind richtig
- ▢ **c)** Aussagen ④, ⑤, ⑥ sind richtig
- ▢ **d)** Aussagen ①, ②, ③ sind richtig
- ▢ **e)** Aussagen ①, ②, ⑥ sind richtig

20 **Häufig entscheiden sich Existenzgründer, benötigte Anlagen zu leasen statt zu kaufen. Welche Aussage zum Leasing ist richtig?**

- ▢ **a)** Leasing bedeutet so viel wie Kredit.
- ▢ **b)** Die Anschaffungskosten sind beim Leasing sehr hoch.
- ▢ **c)** Nach Ende der Vertraglaufzeit geht die Anlage an den Leasinggeber zurück.
- ▢ **d)** Beim Leasing geht nichts ohne Kreditsicherheiten.
- ▢ **e)** Durch Leasing wird der Leasingnehmer Eigentümer der Anlage.

21 **Ein Existenzgründer benötigt in der Regel Eigenkapital, also Geld oder auch Sachmittel, die er oder sie mit in das Unternehmen einbringt. Was gehört nicht zum Eigenkapital?**

- ▢ **a)** Eigenleistung
- ▢ **b)** Schenkung der Großeltern
- ▢ **c)** Sacheinlagen, z.B. PC
- ▢ **d)** Überziehungskredit
- ▢ **e)** Sparguthaben

22 **Wie wird die Wirtschaftsordnung der Bundesrepublik Deutschland genannt?**

- ▢ **a)** Freie Marktwirtschaft
- ▢ **b)** Soziale Marktwirtschaft
- ▢ **c)** Zentrale Marktwirtschaft
- ▢ **d)** Reale Marktwirtschaft
- ▢ **e)** Sozialistische Marktwirtschaft

23 **In einer modernen Volkswirtschaft wie die der Bundesrepublik Deutschland stellt niemand mehr alle benötigten Güter selbst her. Wie wird dies genannt?**

- ▢ **a)** Technisierung
- ▢ **b)** Automatisierung
- ▢ **c)** Rationalisierung
- ▢ **d)** Arbeitsteilung
- ▢ **e)** Organisation

24 **Werner Maier möchte beim Internet-Provider t-online eine E-Mail-Adresse einrichten. Welche der folgenden Möglichkeiten der Adressengestaltung sind richtig (zwei richtige Antworten)?**

- ▢ **a)** Werner.Maier@t-online.de
- ▢ **b)** Werner Maier@t-online.de
- ▢ **c)** WernerMaier@t-online.de
- ▢ **d)** WernerMaier@ t-online.de
- ▢ **e)** W Maier@ t-online.de

25 **Welche der folgenden Begriffe haben mit dem Zugang zum Internet nichts zu tun?**

- ▢ **a)** Drucker
- ▢ **b)** Browser
- ▢ **c)** Provider
- ▢ **d)** Modem
- ▢ **e)** Internet-Explorer

III.4 Ungebundene Aufgaben

1 **Bei Gründung eines Unternehmens sollten rechtliche, persönliche und fachliche Gründe geprüft werden, um sicher in die Selbstständigkeit zu gehen.**

a) Zählen Sie die Einrichtungen auf, bei denen Anmeldepflicht besteht.

b) Beschreiben Sie die Phasen, die bis zur Eröffnung der eigenen Firma wichtig sind, um an das Ziel („Es geht los") zu gelangen.

c) Wesentlich zum Gelingen einer eigenen Firma trägt der durchdachte Businessplan bei. Erklären Sie seinen Inhalt.

2 **Die Soziale Marktwirtschaft ist die Wirtschaftsordnung unseres Staates.**

a) Beschreiben Sie mit Hilfe eines Beispiels die Bedeutung von Angebot und Nachfrage.

b) Als „Vater des deutschen Wirtschaftswunders" wird Ludwig Erhard (nach dem 2.Weltkrieg lange Jahre Bundeswirtschaftsminister) bezeichnet, der durch seine Politik für einen Wirtschaftsboom sorgte, der unvergleichlich ist. Nennen Sie die wesentlichen Grundsätze dieser Politik, die wir heute als Soziale Marktwirtschaft bezeichnen.

c) Arbeitsteilung ist ein wesentliches Merkmal einer Marktwirtschaft. Erklären Sie diesen Begriff.

3 **Der Begriff „Globalisierung" steht für weltweiten Güteraustausch, für unbegrenzte Reisemöglichkeiten und sekundenschnellen Informationsaustausch durchs Internet.**

a) Welche der genannten Sachverhalte widersprechen diesem Merkmal?

(1) Ein Staat erhebt Schutzzölle auf eingeführte Waren.

(2) Ein Unternehmen verlegt seine Produktion von Russland zurück nach Deutschland.

(3) Die Europäische Union (EU) verbietet den Export von Hochtechnologie in bestimmte Länder.

(4) Ein Staat will den ausländischen Pkw-Hersteller vor dem Pkw-Verkauf zur Produktion im Verkaufsland zwingen.

(5) Ein Staat erhöht die Besteuerung von Zinsen aus Kapital, worauf dieses in andere Länder abwandert.

(6) US-Investoren legen ihr Geld in Großbritannien an, weil dort die Zinsen höher sind.

(7) Durch Veränderung des Wechselkurses $ zu Euro werden deutsche Autos in den USA teurer.

(8) Ein Staat verbietet ausländischen Investoren, die Mehrheit an einer inländischen Aktiengesellschaft zu übernehmen.

b) Beschreiben Sie je zwei Beispiele Pro- und Contra – Globalisierung. Nutzen Sie für Ihre Ausführungen auch das Internet.

c) Die so genannten Multis (multinationale Unternehmen) werden häufig negativ im Rahmen der Globalisierungsdiskussion genannt.
Erörtern Sie an Beispielen deren Rolle – als Arbeitgeber, Güteranbieter, Wettbewerber.

4 **Das Bundesdatenschutzgesetz soll den Einzelnen davor schützen, dass er durch den Umgang Anderer mit seinen Daten in seinem Persönlichkeitsrecht beeinträchtigt wird.**

a) Nennen Sie die Inhalte des Gesetzes.

b) Begründen Sie die Notwendigkeit des Datenschutzes für sich an Beispielen.

III.4 Diskussion

1

Die Situation: Allgemeines Gleichbehandlungsgesetz

Seit 18. August 2006 gilt das Allgemeine Gleichbehandlungsgesetz (AGG), das den umfassenden Schutz von Beschäftigten vor Benachteiligungen aus Gründen der Rasse, der ethnischen Herkunft, des Geschlechts, der Behinderung, des Alters, der Religion oder Weltanschauung und der sexuellen Identität zum Gegenstand hat. Damit sind sämtliche Phasen des Arbeitsverhältnisses – von der Stellenbeschreibung über die Einstellung und Beförderung bis hin zur Beendigung – dem Gesetz unterworfen. Als Benachteiligungen gelten dabei unmittelbare Benachteiligungen, z.B. ein Mann wird ohne objektive Gründe einer Frau vorgezogen, mittelbare Benachteiligungen, die in Richtlinien zur Beförderung oder Betriebsvereinbarungen enthalten sind, z.B. Männer erhalten für die gleiche Arbeit mehr Geld.

Auch sexuelle Belästigungen und Anweisungen zur Belästigung (Mobbing) sind Benachteiligungen im Sinne des Gesetzes.

Verstößt ein Arbeitgeber gegen diese Inhalte, z.B. durch die Formulierung „Junge dynamische Führungskraft gesucht", dann hat ein abgelehnter älterer Bewerber mit gleicher Qualifikation die Möglichkeit, bis zu drei Monatsgehälter als Schadenersatz von dem Arbeitgeber zu fordern.

Aufgaben:

1. Erklären Sie Ihrer Kollegin/Ihrem Kollegen Ziel und Inhalt des AGG.
2. Bringen Sie Beispiele für die Nichteinhaltung dieses Antidiskriminisierungsgesetzes.
3. Erörtern Sie, was Mobbing bedeutet und weshalb der Gesetzgeber/Staat dieses nicht zulassen will.

III.1 Lösungen zu den gebundenen Aufgaben

Seite 78-79	
1	e
2	b
3	e
4	d
5	e

Seite 79	
6	b
7	b
8	d
9	d
10	d

III.1 Lösungen zu den ungebundenen Aufgaben

Seite 80

1 **Unterziele** zur Gewinnmaximierung sind Umsatzsteigerung, Vergrößerung der Marktanteile, Kostensenkung.

2 **Beschaffung** dient der rechtzeitigen Bestellung von Roh-, Hilfs- und Betriebsstoffen einschließlich der Lagerung;
Produktion muss das betriebliche Leistungsangebot bereit stellen;
durch **Absatz** der erzeugten Produkte oder Dienstleistungen werden die Erlöse erzielt, um die Kosten der **Verwaltung** (Personalbereich, Büro) und einen Gewinn zu erzielen.

3 **Fertigungsverfahren**
Bei der Einzelfertigung wird ein Erzeugnis hergestellt, dass der Kunde so will, z.B. die angefertigte Haustür vom Tischler. Kleinserienfertigung liegt vor, wenn Erzeugnisse in begrenzter Stückzahl hergestellt werden, z.B. die Produktion von Fenstern gleicher Größe durch den Schreiner; bei der Sortenfertigung werden aus dem gleichen Grundstoff verschiedene Sorten auf denselben Maschinen hergestellt, z.B. verschiedene Brötchensorten vom Bäcker oder die Varianten des GOLF bei VW.
Bei der Serienfertigung werden größere Mengen eines Produktes in der Regel durch Fließfertigung erstellt.

4 Die **Marktanalyse** ist die in der Regel einmalige Untersuchung eines räumlich abgegrenzten Raumes hinsichtlich Kundenkreis, Kaufkraft der Kunden und Kundenwünschen; dagegen ist die Marktbeobachtung die dauernde Erkundung des Absatzmarktes, um z.B. Geschmacks- oder Modeänderungen rechtzeitig wahr zu nehmen und darauf reagieren zu können.

5 Individuelle Antworten

III.2 Lösungen zu den gebundenen Aufgaben

Seite 81

1	d
2	e
3	c
4	d
5	a

Seite 82

6	c
7	d
8	c
9	c
10	c

III.2 Lösungen zu den ungebundenen Aufgaben

Seite 83

1 **Metallbau GmbH**

a) Kosten = 416.000 Euro

b) Betriebsgewinn = 560.000 – 416.000 = 144.000 Euro
Ja, da die Erlöse größer als die Kosten sind.

2 **Errechnung der Eigenkapitalrentabilität**:

2009: 130.000 x 100/390.000 = 33,33 %

2010: 150.000 x 100/600.000 = 25 % ⇒ Verschlechterung!

3 Ein **Kartell** ist die Zusammenarbeit von Unternehmen, die zulässig sind (z.B. um Normen festzulegen) oder genehmigt werden müssen vom Kartellamt, wenn sie den Wettbewerb einschränken können (die Ölkonzerne teilen sich Lieferländer auf, was verboten ist).

Eine **Fusion** ist der Zusammenschluss von bis dahin selbstständigen Unternehmen zu einem Unternehmen.

Der Staat versucht über die Gesetze (Kartellgesetz) den Zusammenschluss von marktbeherrschenden Unternehmen zu verhindern, um Wettbewerb und damit entsprechende Preise für die Verbraucher zu erreichen.

Lösung zur Situation: Rechtsformen

1. **a)** Vorteile Darlehen: Unabhängig von Partner, Zinsen abzugsfähig, Zinsen sind über Umsatz zu verdienen;
   Vorteile Partner: Keine Bankabhängigkeit, Partner ist Fachmann, Arbeitsteilung möglich.
   b) Huber & Ebner Sanitäreinrichtungen OHG
   c) Gesamtschuldnerisch, solidarisch, unbeschränkt
   d) Auch ein neu eingetretener Gesellschafter haftet für die Alt-Schulden.

2. **a)** Huber Sanitäreinrichtungen KG
   b) Er ist kein Gesellschafter, der Verantwortung im Unternehmen trägt.
   c) Namen jedes Gesellschafters, Firma und Ort, Vertretungsmacht des Gesellschafters, Bezeichnung der Kommanditisten und deren Einlagebetrag, die Kommanditistendaten werden nicht veröffentlicht.
   d) Nein, da er keine Vertretungsmacht hat.
   e)

	Unternehmerlohn	**Verzinsung 8 %**	**Restgewinn**	**Gesamtgewinn**
Huber	72.000	128.000	70 % = 77.000	277.000 €
Gütermann	Unternehmerlohn	32.000	30 % = 33.000	65.000 €

Gewinn = 342.000 – 72.000
Unternehmerlohn = 270.000 – 160.000
Verzinsung = **110.000**, der als Restgewinn im Verhältnis 70:30 aufgeteilt wird.

III.3 Lösungen zu den gebundenen Aufgaben

Seite 86-88		Seite 88-90		Seite 90-92		Seite 92-93	
1	e	11	b	21	c	31	e
2	e	12	c	22	b	32	e
3	a	13	b	23	b	33	b
4	c	14	a	24	b	34	a
5	c	15	c	25	c	35	c
6	a	16	b	26	c	36	d
7	a	17	b	27	b	37	e
8	c	18	d	28	e	38	e
9	a	19	a	29	a	39	d
10	b	20	c	30	c-d-a-b	40	1b-2a-3c-4d

III.3 Lösungen zu den ungebundenen Aufgaben

Seite 94

1 **Wirtschaftlichkeitsprinzipien**
a) Minimalprinzip
b) Maximalprinzip
c) Minimalprinzip
d) Maximalprinzip

2 **Bedürfnisse** = Mangelempfindungen des Einzelnen
Kaufkraft = verfügbares Geldeinkommen
Bedarf = die Güter und Dienstleistungen, die der Einzelne mit seinem Einkommen kaufen kann
Bedürfnisse + Kaufkraft = Bedarf
Nachfrage = die tatsächlich ausgeübten Käufe

3 Seit 2005 gibt es das **Bundesministerium für Ernährung, Landwirtschaft, Verbraucherschutz** in Berlin, durch das alle maßgeblichen verbraucherpolitischen Zuständigkeiten auf der Bundesebene gebündelt werden. In den einzelnen Bundesländern gibt es jeweilige Verbraucherschutzminister.

4 Die wesentlichen **Bestimmungen des Wettbewerbs- und Verbraucherrechts** sind
- das Kartellgesetz: Gesetz gegen Wettbewerbsbeschränkungen (GWB), das die Marktmacht großer Unternehmen beschränkt

- das Gesetz gegen unlauteren Wettbewerb (UWG)
- die Preisangabenverordnung
- das Widerrufsrecht bei Haustürgeschäften (§ 312 BGB). Der Kunde kann von Haustürverträgen, Verträgen vor Supermärkten, bei Kaffeefahrten innerhalb von zwei Wochen schriftlich, ohne Angabe von Gründen zurückzutreten. Diese Widerrufsfrist gilt auch für Kreditverträge.
- Auch bei Abzahlungsverträgen zwischen Unternehmen und Verbraucher kann ein Kunde innerhalb von 2 Wochen schriftlich ohne Begründung von dem Vertrag zurücktreten.
- Der Schutz des Reisenden bei Pauschalreisen

5 Zur marktwirtschaftlichen Ordnung gehört, dass die Verbraucher sich **objektiv über die Waren informieren** können. Der Staat finanziert dies. Zu nennen sind folgende Verbraucherorganisationen:
- „Verbraucherzentrale Bundesverband e.V." als Dachorganisation aller Verbände
- Stiftung Warentest, Berlin. Dieses unabhängige Institut führt laufend vergleichende Tests von Produkten und Dienstleistungen durch; Publikationen: Test, Finanztest, Ökotest.
- 16 Verbraucherzentralen mit über 200 Beratungsstellen bundesweit.

6 Die **Reklamation**, also die Beanstandung eines erworbenen Produktes, das Mängel aufweist:
- Rat einholen bei einer Verbraucherberatungstelle; Internetlinks sind: www.verbraucherzentrale.de; www.verbraucherministerium.de
- Gewährleistung von 2 Jahren nutzen
  Voraussetzung für Reklamation fast immer: Kassenbon oder Quittung vorlegen

7 Die **EU** ist aktiv, wenn es um den Schutz der Gesundheit oder den Umweltschutz geht. So ist z.B. die Verwendung von Hormonen zur Tiermast europaweit verboten, auch wurden Hygienekontrollen bei Frischfleisch vorgeschrieben. Daneben hat die EU Richtlinien zum Verbraucherkredit, zur Produkthaftung und Produktsicherheit erlassen, die durch Umsetzung in nationales Recht europaweite Standards setzen sollen.

8 Das **UWG-Gesetz** soll den Verbraucher vor allem vor unseriösen Geschäftspraktiken und aggressiven Werbemethoden schützen und für besseren Wettbewerb sorgen. So sind weiterhin verboten:
- Unwahre Angaben über die Ware („Bester Leim des Jahrhunderts")
- Lockvogelangebote, mit denen durch Herausstellen einzelne Niedrigpreisartikel ein preisgünstiges Gesamtangebot vorgetäuscht wird;
- Bestechung von Angestellten, um betriebliche Informationen zu erhalten
- Unlauter ist auch die Werbung nach Art eines Gewinnspiels, bei der den Interessenten nach Zustellung der Gewinnspielunterlagen die irrige Vorstellung vermittelt wird, durch die erhaltenen Unterlagen bereits einen Preis gewonnen zu haben.

III.4 Lösungen zu den gebundenen Aufgaben

Seite 95-97	
1	a
2	d
3	c
4	d
5	2a-1b-1c-2d-1e
6	d
7	a
8	1c-2a-3b
9	1b-2d-3c-4a
10	d

Seite 97-99	
11	a
12	b
13	b
14	b
15	1b-2c-3a
16	d
17	d
18	d
19	a
20	c

Seite 99-100	
21	d
22	b
23	d
24	a,c
25	a

III.4 Lösungen zu den ungebundenen Aufgaben

Seite 100-101

1 **a)** **Anmeldepflicht** besteht

- beim städtischen Gewerbeamt, bei kleineren Städten oder Gemeinden oft auch beim Ordnungsamt
- bei der Handwerkskammer (Handwerksbetriebe) oder der Industrie- und Handelskammer (Handels- und Verarbeitungsbetriebe)
- beim Finanzamt
- bei der zuständigen Berufsgenossenschaft, wenn mindestens ein Arbeitnehmer beschäftigt ist.

b) Der Weg von der Geschäftsidee bis zur Eröffnung der eigenen Firma erfolgt in Phasen:

(1) Selbstüberprüfung: Macht die Familie/Freundin mit? Gibt es ein gewisses Mindestkapital? Allein oder mit Partner?

(2) Informationen sammeln über Behörden? Krankenkasse? Beratung durch Fachleute? Gibt es eine Zielgruppe die das Produkt oder die Dienstleistung kauft? Wie stark ist die Konkurrenz? Will man eine Einzelunternehmung, wobei voll gehaftet wird?

(3) Wichtig: Businessplan. Er soll Idee, Zielgruppe, Kundennutzen, Marktchancen, Finanzbedarf enthalten, die Geldgeber beeindrucken sollen.
(4) Entscheidung und Realisierung: Bankgespräche führen, Geschäftsräume mieten, Infrastruktur (Energieversorgung, Telefonanlage, Maschinen und Fahrzeuge auswählen, EDV) sichern, Lieferanten und Kunden ansprechen, lokale Presse informieren, Firma anmelden und Handesregistereintrag beim Amtsgericht beantragen
(5) Start mit Eröffnungsfeier.

c) siehe 1b (3)

2 **a)** Je begehrter und neuer der iPad von Apple ist, einen umso höheren Preis kann das Unternehmen für sein Produkt verlangen = **Angebot und Nachfrage** bestimmen den Preis.

b) Grundsätze der Sozialen Marktwirtschaft:
(1) Konsumfreiheit: Jeder von uns kann kaufen, was, wo und wann und zu welchem Preis.
(2) Gewerbefreiheit: Jeder von uns kann Beruf, Arbeitsplatz, eigenen Betrieb gründen, wie er es im Rahmen der Gesetzes für richtig hält.
(3) Wettbewerbsfreiheit: Verkäufern und Käufern steht es frei, so günstig wie möglich zu verkaufen bzw. zu kaufen, unabhängig von Staat oder anderen Unternehmen.
(4) Freiheit des Eigentums: jeder darf Eigentum haben und es nutzen, wie er es möchte, es sei denn, die Nutzung verstößt gegen das Gemeinwohl oder gegen Gesetze, z.B. der Unternehmer produziert asbesthaltige Produkte. Grundgesetz: Eigentum wird geschützt, verpflichtet aber auch zum Gemeinwohl.
(5) Sicherung des Wettbewerbs: Vom Staat bzw. seinen Gerichten wird in die Marktfreiheit eingegriffen, wenn größere Unternehmen (Konzerne) Preise absprechen oder Wettbewerber durch Dumping (künstlich niedrige Preise) versuchen vom Markt zu vertreiben; Beispiele: Die wenigen deutschen Zementhersteller sprachen die Preise gegenüber den Kunden ab (Dieses wurde festgestellt und die Unternehmen wurden 2007 zu 790 Millionen Euro Strafe verurteilt!), Städte und Gemeinden müssen bei öffentlichen Arbeiten (Straßenbau) den Auftrag ausschreiben und den günstigsten Anbieter auswählen.
(6) Sozialer Ausgleich: Der Staat lässt Wohlhabende hohe Steuern zahlen, um Bedürftigen (Kranken, Alten, Arbeitslosen) Leistungen geben zu können.
(7) Grundgesetz: Die Bundesrepublik Deutschland ist ein Sozialstaat – damit hat jeder Bedürftige in unserem Land Anspruch auf Leistungen vom Staat, wenn er nicht selber für sich sorgen kann.

c) Der Begriff Arbeitsteilung drückt aus, dass die Güterproduktion nicht mehr von einem Unternehmen allein geleistet werden kann, sondern diese in einzelne Teileverrichtungen oder Arbeitsgänge auf gespalten wird, die dann von verschiedenen Arbeitnehmern, Abteilungen, Betrieben oder Wirtschaftsbereichen erledigt wird.
Entsprechend wird unterschieden
(1) in berufliche Arbeitsteilung (der Elektrohandwerker leistet eine andere Arbeit als die Bürokauffrau)
(2) technische Arbeitsteilung (Betrieb A produziert Tische, Betrieb B produziert Wurst, Betrieb C bietet Reisen an)
(3) volkswirtschaftliche Arbeitsteilung (im Kölner Raum wird Braunkohle abgebaut, in Wolfsburg wird der VW gebaut)
(4) internationale Arbeitsteilung: Russland liefert Deutschland Erdgas und Erdöl und erhält dafür Autos und Maschinen.

3 **a)** Antworten (1), (3), (4) und (8) widersprechen der Definition von Globalisierung.

b) **Contra-Globalisierung**:
(1) Unternehmen sparen an Lohnkosten, indem sie hoch bezahlte Arbeitsplätze in Billig-Lohnländer verlagern.
(2) Multinationale Unternehmen (Konzerne) verlagern ihre Zentrale in Niedrig-Steuerländer, so dass den hoch entwickelten Staaten Steuereinnahmen fehlen.
(3) Andere Länder nehmen uns Arbeitsplätze weg bzw. durch ihren Niedriglohn verdienen auch die Arbeitnehmer in den Industrieländern immer weniger.

Pro-Globalisierung:
(1) 2–3 von 5 Arbeitsplätzen in Deutschland hängen direkt oder indirekt von den Exporten in die ganze Welt ab – damit auch die Einkommen der hier Beschäftigten.
(2) Die Wirtschaftsleistung der Industrieländer (Bruttoinlandsprodukt) hat sich in den letzten 60 Jahren durch den Welthandel verdreifacht.
(3) Durch den Welthandel (Importe) und unseren offenen Staat lernen wir neue Kulturen kennen, erweitern unseren Horizont und leben, essen und trinken immer vielfältiger.

c) Multis wie BASF, VW, Deutsche Bank – also Unternehmen, die in der ganzen Welt durch Produktionsstandorte und/oder Verkaufsniederlassungen vertreten sind – haben dennoch in Deutschland 100.000ende Beschäftigte, die einen guten Lohn + Sozialleistungen bekommen, hier Steuern zahlen und durch Innovationen (neue Produkte) die Arbeitsplätze sichern. Häufig nutzen sie ihre starke Position, um Zuliefererfirmen preislich unter Druck zu setzen und Einfluss auf die Politik in ihrem Sinne zu nehmen. Der Staat muss durch Gesetze kontrollieren, dass die Macht dieser Großunternehmen nicht zu stark wird und Wettbewerber unrechtmäßig ausscheiden.

4 **a)** Das **Bundesdatenschutzgesetz** soll den Einzelnen davor schützen, dass er mit seinen personenbezogenen Daten durch den Umgang mit Behörden (Staat) oder Unternehmen (Betriebe, Arztpraxen, Apotheken, Telekom) in seinem Persönlichkeitsrecht beeinträchtigt wird. Das Gesetz gilt für die Erhebung, Verarbeitung und Nutzung personenbezogener Daten; auch sachliche Daten (Vermögen, Einkommen) werden vom Gesetz geschützt.

b) Individuelle Antwort

Lösung zur Situation: Allgemeines Gleichbehandlungsgesetz

a) Ziel des AGG ist zu verhindern, dass Beschäftigte aus unterschiedlichen Gründen vom Arbeitgeber oder anderen Vorgesetzten benachteiligt werden. Der Inhalt bezieht sich auf rassische, herkunftsbezogene, geschlechtsbezogene, altersbezogene und andere Gründe, die zur Benachteiligung führen.

b) Beispiele für Diskriminierung:
- Ein männlicher Bewerber wird trotz geringerer Kenntnisse einer Frau vorgezogen.
- Eine 30jährige Frau wird für eine Stelle ausgewählt, obwohl der 40jährige männliche Mitbewerber bessere Qualifikationen besitzt.
- Ein Unternehmer stellt einen katholischen Arbeitnehmer ein, obwohl der evangelische Arbeitnehmer besser qualifiziert ist.

c) Der Begriff „Mobbing" (er kommt aus dem Englischen und lässt sich mit „Anpöbeln", „Anmachen", „Belästigen" übersetzen) beschreibt feindselige, systematische Handlungen in einem Unternehmen von Vorgesetzten oder Mitarbeitern gegenüber Kollegen, die sehr oft über einen längeren Zeitraum erfolgen und damit die Beziehung zwischen Täter und Opfer kennzeichnen. Das Ziel ist, diese Person aus der Gruppe, der Abteilung, dem Betrieb auszustoßen. Die Betroffenen werden häufig krank, oder gehen immer weniger motiviert ihrer Arbeit nach, verlieren ihren Arbeitsplatz und werden auch sozial isoliert.

Das Bundesarbeitsgericht – höchstes Arbeitsgericht in Deutschland – hat die Arbeitgeber verpflichtet, gegen Mobbing einzuschreiten und die Opfer zu schützen. Auch Strafen können verhängt werden.